中公新書 2455

磯田道史著

日本史の内幕

戦国女性の素顔から幕末・近代の謎まで

中央公論新社刊

まえがき

この本は、古文書という入り口から、公式の日本史の楽屋に入り、その内幕をみることで、真の歴史像に迫ろうとする本である。だから、教科書的な、表向きの歴史理解にとどまって、歴史常識を維持したい方は、読まれないほうがよい本かもしれない。

日本史の内幕を知りたい。そう思うなら、古文書を読むしかない。私は十五歳で古文書の解読をはじめた。教科書のなかには、知りたいと思う歴史はなかった。歴史教科書は、政府や学者さんの願望にすぎない。「国民のみなさん、われわれの歴史はこんなものでした。このように思っていてください」と、彼らが信じていて欲しい歴史像が書いてあるだけである。歴史の用語をおぼえるにはいいが、歴史観が身に付くものではない。

戊辰《ぼしん》戦争について学校でならった時、少年時代の私が知りたかったのは、その年号や関係する人名ではなかった。自分の先祖も、この戦争に加わっていた。その先祖は住んでいた備前《びぜん》岡山から何日でその戦場につき、どんな場面に遭遇し、どんな道をたどって帰ってきて、いくら新政府からご褒美をもらったのか、ということだった。つまり、歴史の現場がみたかったのである。それで、自転車のペダルを踏んで、地元の古本屋に行った。古文書解読用の事典を買うためである。五〇〇〇円でそれを買い、祖父母の家の押し入れにあった高祖父・磯田弘道《ひろみち》らの「御奉公之品書上《ごほうこうのしなかきあげ》」という古文書を読み解こうとした。やっているうちに、古文書が読めるようになった。ほかの参戦者の遺した「肉声」ともいうべき記録も読みたくなって、どんどん古文書をあつめて解読した。自然と、戊辰戦争の実像がみえてきた。なにしろ、参加した人からの直接の情報、一次情報に接しているのだから、面白い。

この一次情報というのが肝腎である。『歴史の愉しみ方』でも触れたが、このごろ、歴史小説を読んでも、面白いものが少ない。理由ははっきりしている。情報化社会、ネットの社会になって、情報検索が容易になり、同じ情報をコピーして共有するようになったからである。歴史小説家や脚本家は、古文書は読めなくても、たいてい、情報検索は巧《うま》い。そのせいか、どの歴史小説を読んでも、情報が金太郎飴《あめ》のように似ていると、私は感じている。すでに活字化された有名な史料やネット辞書に出てくる情報が手をかえ品をかえ加工されているだけだから、みんな同じようなものになる。古文書が読めない書き手が書いた歴史叙述は、結局、情報を、どこからかコピーして借りてこないといけないから、面白味がなくなってしまう。ドラマもそうで、新味をみせようとすると、現実ばなれした架空の作り話にするほかない。そうしたコピペとフィクションの歴史叙述が巷《ちまた》にあふれている。

本書は、これと一線を画したい。実際どうだったか。まず、これを古文書、一次史料でおさえる。歴史の現場で残された遺留品=古文書から、歴史の内幕をみて、そこから物事を考えることにしたい。古文書には、えもいわれぬ説得力がある。もちろん、書いてあることすべてが真実ではない。真実でないことが古文書に書かれる場合、それは悲しむべきことではなく、なぜそのような虚偽が書かれたのかの背景をさぐることで、歴史の姿がはっきりみえてくることも多い。現場の古文書や史料を読めば、細部がわかって、そこには生活感がある。例えば、日本で目の美容整形がはじまったのは、いつか。だれが、どこで、その価格はいくらだったか。これは生活感のある細部である。この細部がわかると、日本人は西洋人の顔立ちをどのように認識したか、医療技術の進歩の度合、都市の近代化や身体加工への意識など、さまざまなことがわかる。

このように現場の古文書・史料にある「細部」は雄弁なものである。かつて、私は『武士の家計簿』で実験したが、細部にこだわると、戦国とは何だったのか、維新はどんなものだったのか、といった歴史観に関わる大きな問いかけの答えにも近づける。この本によって、読者の皆さまを、古文書を通して、日本史を現場から内側からみる内幕に案内したい。

日本史の内幕　目次

まえがき　i

第1章　古文書発掘、遺跡も発掘　3

油酒樽に詰まった埋蔵金
「世界遺産」に皇后くぎ付け
初期古墳を護れ
秀吉の天下統一戦と本願寺の協力
城の便所の天井は高く
股を潜るか、斬り捨てか
今も生きる「慎み」の教え
羽生君、「殿」を演じる
故郷の鰻で祝い酒
一八四〇年豪農の豪華な旅
昭和天皇を育てた男

殺人子爵の不吉な短冊
皇居の激しい空襲被害

第2章　家康の出世街道　51
若き家康を「見える化」
浜松に史上最強の霊地
出世城の本丸を掘る
日の目を見た「家康の堀」
三方ヶ原の戦いの真相
天下人、敗走中の気配り
「鰹のたたき」家康も舌鼓
真田の首に語りかけた言葉
豊臣の金銀の行方
水戸は「敗者復活」藩
「家康くん」の天下獲り

第3章　戦国女性の素顔　93
家康の離婚伝説
「築山殿」の元の名は
美女処刑と信長の死
「直虎」大河の朝ドラ化
家康と直虎の野外劇
「直虎」を名乗った者は
秀吉は秀頼の実父か
第4章　この国を支える文化の話　121
能は見るより舞うもの
信長と同時刻生まれの男
毒味をさせた「毒味役」
かぐわしき名香の物語
「信繁」も加わり兜に香

秘伝書が伝える「生け花の化学」
上方の富くじは太っ腹
江戸期の婚礼マニュアル
「寺子屋」文化の遺産
我々は「本が作った国」に生きている
自宅で寄席は「先生」の務め
昭和初年の美容整形

第5章　幕末維新の裏側　165

龍馬の書状「発見」二題
龍馬が導いた西郷書状
西郷書簡と日本の歯科
「民あっての国」、山田方谷の改革
吉田松陰の複雑な側面
会津で戦死、若き親戚を弔う

維新の京都、民衆の肉声

第6章　ルーツをたどる　193

全人類のなかで
隠された「宇喜多」姓
黒田家は播磨から流浪か
福岡藩主のミステリー
忍者子孫たちとの交流
浦上玉堂と磯田家
中根東里と司馬遼太郎

第7章　災害から立ち上がる日本人　219

江戸人と大火
江戸の隕石いずこに
津波を物語る寺社

山頂で富士山卵
安政地震下、江戸商人の日記
熊本城サグラダ・ファミリア計画
熊本城石垣の補強法

人名索引　250
初出一覧　251

日本史の内幕

戦国女性の素顔から幕末・近代の謎まで

第1章　古文書発掘、遺跡も発掘

油酒樽に詰まった埋蔵金

「徳川埋蔵金」に関係する古文書を発見してしまった。本来こんないかがわしい話には関わりたくない。しかし、まじめな幕末史研究にも有益な情報が含まれるので、つつみ隠さずここに書いておく。

東京・神田《かんだ》小川町《おがわまち》を歩いていて源喜堂書店という看板が目に入った。古文書を扱っている。私はすぐ店に入り古文書をあさった。ここが大事なのだが、初入店した店では何時間かかっても在庫をすべて見る。とくに写本類は人が手で写した世界に一冊しかない本。絶対、全部見る。そうしていたら「風聞記」という冊子を見つけた。明治維新の一八六八年四月から十二月まで戊辰戦争の風聞を記録している。長野の松代《まつしろ》藩兵の動向に詳しいから、それに近い筋で作成されたものかもしれない。

買って帰って、ページをめくると「小栗上野介《おぐりこうずけのすけ》」の文字。旧幕府の勘定奉行だ。この男が幕府滅亡時に、上州（群馬県）の自分の領地近くに幕府再興のための軍資金を埋めたという説がある。これは幕府滅亡時の小栗の動静についての新史料ではないか。私は俄然《がぜん》興味が湧いた。そこには、こんなことが書いてあった。

慶応四（一八六八）年閏《うるう》四月六日、上州権田《ごんだ》村の領主で旗本の小栗上野介が「（新政府軍の）私欲横領に憤り……村内へ新城を築きそうろうにつき、同国高崎・前橋・安中《あんなか》、そのほか上州中、御大名様方」が討手に向かわれ、終《つい》に攻め落とし、（小栗を）討ち取り、同類六人（通説では四人）を高崎で打ち首にした。だが小栗の奥方は入山《いりやま》通りを逃げて行った。右の人（小栗）は（貿易港）横浜の奉行職・取締を兼ね、出世頭で「金銭は自由ゆえ、諸家御役付の大名・旗本、心の儘《まま》に相成」るので、種々のことをたくらみ、「上様之御易筋《おかえのすじ》（将軍の更迭《こうてつ》）」を申し立て、新規新法をやり、「蚕種生糸等に限らず諸運上《うんじょう》（税）を取り上げ、上へ納めずして、みな己が私欲に致し、凡《およ》金七十」あるという。「よって国元へ油酒樽《だる》等に弐分金《にぶきん》にて相送った」よしである。先年、将軍家の命でアメリカに行き三年（実際は八か月）目に帰朝し「異人」どもと心安くなり（異人）同様のことをしたのでこうなったのだろうか。以上のように書かれていた。

この史料は小栗の真実そのものを記したものではない。当時の人々が小栗をどうみていたのかがわかる史料だ。小栗は江戸城に逃げてきた徳川慶喜《よしのぶ》に徹底抗戦を主張。容《い》れられず上州の領地に一族郎党を連れて土着したが、この時、軍資金を埋めたかが問題になっている。この際、小栗が築城の噂《うわさ》が出るほどの大工事を行った可能性がある。それは地元で語られるように単なる用水工事だったのだろうか。

新史料には、小栗が慶喜を更迭しようとしたとある。新将軍を立ててでも新政府軍に抗戦しようとしたのだろうか。また小栗が幕府の公金を自由に握っているとの認識が当時あったこともわかる。その原資は横浜貿易による生糸の運上金を貯めたものとされている。小判の半分の価値の金貨「弐分金」を油酒樽に詰めて、自分の領地に運んでいったとの記述は生々しい。

埋蔵金はたぶんないと思う。しかし、この史料でひとつわかった。埋蔵金が出てくるとしたら、それは「小判」の形ではなく、油酒樽に詰まった「弐分金」ということだ。発見史料は貴重だから群馬県の文書館に寄託した。

「世界遺産」に皇后くぎ付け

帰宅すると、妻の字で、書斎の机上にメモがあった。

「ミカサカンさんより電話あり。明治天皇の奥さんの日記？　があります」。ミカサカンは三笠艦のことである。日露戦争の軍艦の名のついた変わった骨董《こっとう》屋だ。たしか東京・吉祥寺《きちじょうじ》に店があった。

一五年ほど前のこと、渋谷区の図書館に本を借りに行ったら、館の前で露天の骨董市をやっていた。

「従五位下《じゅごいのげ》大膳亮《だいぜんのすけ》幸宜《ゆきよし》」

そう書かれた古文書が地べたの青いシートの上で売られている。びっくりした。最後の郡上《ぐじょう》藩主・青山幸宜《あおやまゆきよし》に朝廷が官位を授けた証書、口宣案《くぜんあん》の現物ではないか。

当時、私は大学院生で、金がない。しかし度胸が肝腎だと思った。売り物を前にどっかり座った坊主頭の露店のあるじに財布の中を全部みせ、「これは天皇文書で珍しい。これだけしかないが売ってくれ」と言ってみたら、きっぷのいい男で「いいよ」と二つ返事で売ってくれた。

これが私と三笠艦の最初の出会いで、以来つきあいがはじまった。だいたい年に一度、珍しい古文書が入ると、ミカサカンから、大声の電話が入る。いつも屈託のない声だ。不思議なことに、どこで仕入れてくるのか、皇族の旧蔵品などが多かった。

だからミカサカンのメモを読んだ私は興奮した。明治天皇の側室の日記か、明治天皇の皇后のお付《つき》の日記か、どちらかだろう。ミカサカンならありえる話である。私はいてもたってもいられず浜松から新幹線に飛び乗り、吉祥寺のミカサカンへ向かった。

着くと、その日記はあった。白い正絹《しょうけん》の布に包まれていた。「皇后宮御所行啓日誌 幷《ならびに》雑々記《ぞうぞうき》 御内預《あずか》り 高岡芳太郎」と書いてあった。買うことにした。日記は大部で、明治二（一八六九）年から十八年まである。明治天皇の皇后（昭憲《しょうけん》皇太后）のお付の世話係がつけた日誌であった。

明治天皇の皇后が京都を出て「新首都」東京に定住するまでの貴重な記録だ。史上初めて皇后が東日本を旅行する様子が克明に記されている。

明治二年十月五日、皇后は熊本・姫路の両藩兵や山科郷士《やましなごうし》に護られ、板輿《いたごし》に乗って京都を出た。比叡山麓《ひえいさんろく》に住む「八瀬童子《やせどうじ》四十壱人」が身長一メートル四五の小柄な皇后をお乗せした輿を肩にした。八瀬童子は「鬼の子孫」を自称し、髷《まげ》を結わない不思議な村人である。何かあると出てきて、天皇皇后の輿や棺《ひつぎ》を担ぐ。

皇后はトイレも携帯された。「御東司長持《おとうながもち》」とあるから、男三人以上で長持に入った皇后専用おまるの御東司を担ぎながら、皇后の京都から東京への移住はなされたのだ。江戸期の公家衆のお供と変わらぬ感覚であったから、皇后の行列の男たちは必ずしも行儀がよくない。旅宿で女を買わぬよう四日市《よっかいち》からは「毎夜改め」が行われたと日記にはある。

初めて東海道を旅した皇后はどの風景に惹《ひ》かれたのか。桑名《くわな》（三重県）と大磯《おおいそ》（神奈川県）では「網引き」をご覧になった。静岡市の西倉沢《にしくらさわ》漁港では、海女を二人雇って生貝を採らせ、その場で焼いて皇后が召し上がっている。

皇后が輿から出て景色を見物された野立《のだて》は一〇回に及ぶ。初回は三重県の筆捨山《ふでしてやま》。あまりの絶景に室町期の画工・狩野元信《かのうもとのぶ》が筆を捨てた名所である。海の御覧は白須賀《しらすか》（静岡県）の潮見坂《しおみざか》のみのようだ。皇后は富士山によほど感動したらしい。金谷峠《かなやとうげ》・安倍川《あべかわ》・興津《おきつ》と静岡県内で三回行列をとめて見物されている。箱根の二回も入れれば五回だ。なかでも前に富士山、後ろに三保松原《みほのまつばら》が望める興津では、皇后は不意に行列をとめ、動こうとしなかった。「海道一の景色なり。三保松原……みゆる」。二〇一三年六月、三保松原と富士山。昭憲皇太后が愛したこの絶景がペアで世界遺産に認められた。めでたい。

初期古墳を護れ

卑弥呼《ひみこ》はその人物を常に意識していたであろう。卑弥呼の御殿では、その人物が東国に巨大な墓を築いたことも話題になっていたに違いない。「そうですよね」と、その古墳を発掘した考古学研究者に水をむけたら「当然です」と確信に満ちた表情で、うなずいた。

私は静岡県沼津市にある高尾山《たかおさん》古墳を訪れた。それは途方もない古墳。卑弥呼とまったく同世代の珍しい「初期古墳」なのだ。市によれば、西暦二三〇年頃に築造され、二五〇年頃に埋葬されたものだった。全長が六二メートル。破格の大きさ。卑弥呼時代の東国最大の古墳だ。東海道をおさえるようにドッカリとある。卑弥呼のライバルともいうべき東国の王の墳丘であるのは間違いない。

『魏志倭人伝』に「女王卑弥呼、狗奴国《くなこく》の男王卑弥弓呼《ひみここ》ともとより和せず」とある。卑弥呼と戦っていた狗奴国の男王・卑弥弓呼の古墳の可能性も否定できない。なぜなら、この古墳の墳丘や堀からは、北陸～滋賀～浜松地方など広い範囲から運ばれてきた外来土器が大量に出た。卑弥呼がいた可能性のある畿内を東側から包囲する地域の人々が集まって、この古墳を築造し、墳丘上でお祭りをした生々しい形跡が出てきたのだ。

この古墳は富士山麓にあり、火山灰の酸で、葬られた王の骨は土中で溶けてなくなっていた。だが、おしゃれに興味のない無骨なリアリストの武人であったことがわかる。遺体の頭部には割られた銅鏡、胸には小さく粗末な勾玉《まがたま》が一つ。長大な刃渡りの鉄槍を右手にして葬られていた。槍は人を突き殺すとき、すぐ抜けるよう工夫された実戦的なもの。足元には生前に率いていた軍団長が一つずつ供えたのか、矢じりが三二個かためて置いてあった。

西洋で古代ローマが栄えていた頃、日本では「初期古墳」をつくることで地域ごとに「はじめての国家」が生まれた。日本人が国家を最初にもった時の資料であり、記念碑的遺跡だから、初期古墳は特に価値が高い。卑弥呼の親世代の巨大墳丘墓・楯築《たてつき》遺跡（岡山）。卑弥呼の墓ともいわれる箸墓《はしはか》古墳（奈良）。邪馬台国《やまたいこく》の大臣や将軍たちの墓といわれる纒向《まきむく》の五つの古墳（奈良）。そして卑弥呼時代の東国最大の古墳であるこの高尾山古墳の四つは卑弥呼時代の重要遺跡だ。

ところが高尾山古墳は、沼津市の渋滞緩和の道路工事で破壊されようとしている。こんなにでかい初期古墳が沼津にあるなんて誰も思っていなかった。初期古墳は一般に前方部が低く、目立たない。ただの方墳と思って道路工事計画をたて破壊する前に発掘調査をしたら、すごい価値のある古墳だとわかった。

でもその時には、国から補助金をもらって道路工事を随分進めてしまっていた。運悪く古墳は国道交差点に近く、現在の都市計画に基づく道路は、古墳を埋めた上にもつくれず、迂回《うかい》させることもできない。都市計画の変更や廃止となると、国からの補助金にも影響する。用地の再取得や補助金の返還もありうる。それで破壊するというのだ。

私は「ちょっと待ってくれ」といっている。私も遺跡の上の家で育ったから地元の不便はわかる。しかし人間の品格はやせ我慢に宿る。「不便だがこれは日本国家誕生時の重要遺跡。それが沼津にあるのは地域の誇りだから」と子どもたちに語れる品格もあっていい。高尾山は壊せる古墳ではない。壊せば崇《たた》られるとはいわないが、恥だ。「あの時の沼津の人と市長は偉かった」と後世に語りつがれる決断をしたほうがいい。国も特殊な事情を勘案してほしいと思う。

と、この話を書いたら、国土交通省が動いた。なんと、私は国交省に呼ばれた。行くと、徳山技監（当時）の部屋に通された。この人は次の国交次官と噂されていた。国交省は遺跡を壊すのをすすめているわけではない。むしろ、道路と遺跡が共存できるように考え、そういう制度や予算も作ってきたし、過去には遺跡を避けるように道路を曲げてもきた。今回も知恵を出して、沼津市に協力したい。驚いたことに、そんな主旨のことをいわれた。これは渡りに舟である。私は、いった。三点、ここで大事な点を決めておきましょう。①古墳の墳丘本体は削らない。②古墳の周濠《しゅうごう》（まわりの堀）も盛り土などして守る。③予算をつけて古墳の意義を伝える小さな展示施設を作る。国交省は、当時、沼津市に副市長を出していた。それで、市長と国交省が連絡をとり合い、古墳は守られる方向で動き、とりあえず、古墳をすぐに壊すという話からは、離れていった。

しかし、二〇一七年現在、古墳を避ける道路の曲げ方で、折り合いをつけるのに時間がかかって、古墳が「保護」されたとまでいえる状況ではない。まだまだ、読者諸兄の世論の後押しが要る。よろしくお願いしたい。

秀吉の天下統一戦と本願寺の協力

世界は宗教戦争の巷だが、この国にその風景はない。信長・秀吉時代に武家勢力＝天下人が強大化。宗教勢力が折り合って共存を図ったからである。

先日、長崎県は南蛮貿易で有名な平戸《ひらど》に行き、面白い史料に出会った。人間文化研究機構「平戸オランダ商館文書」調査研究プロジェクトで松浦《まつら》史料博物館を訪れ、坂為左衛門《さかためざえもん》『壺陽録《こようろく》（三光譜録《さんこうふろく》）』（一七五八年）という史料をみつけた。そのなかの秀吉の薩摩《さつま》征伐時（天正《てんしょう》十五〔一五八七〕年）の記述に驚いた。現代語訳する。

「薩摩は強敵で秀吉公も攻めあぐみ長滞陣になった。しかし秀吉公は御智略をもって、京の西門跡《にしもんぜき》（本願寺）を呼び下し、御門主《ごもんしゅ》を馬に乗せ、日月の御旗をささせ秀吉の先手に進ませた。それで案のごとく、薩州をはじめ敵軍は忽《たちま》ち『本願寺の御門主に弓を引ことはできない』と、薩摩の屋形《やかた》（豪族）は物の具（武器）を抜き捨て降参して出てきたので、軍兵どもも甲《かぶと》を脱ぎ、弦を外して、弓箭《きゅうせん》（戦闘）に及ばず、大坂方の御利運（勝利）と成った。薩摩の領内は昔から真宗のみ多くあったが、（島津氏は秀吉に降伏後）『武を捨てる宗旨だから』と、数百の一向寺《いっこうじ》を残らず廃止し、切支丹《きりしたん》の類に准じ、禁止令を出した」

秀吉の薩摩征伐に本願寺は協力を惜しまなかったらしい。本願寺は秀吉に「日月の御旗」をささせられ、軍の先頭を錦の御旗よろしく進ませられたとある。しかし秀吉軍に同行したのは門主・顕如《けんにょ》ではなく子の教如《きょうにょ》であろう。一次史料で同行が確認できるのは教如だ。「関白（秀吉）様が九州に御動座（出陣）につき御見舞として新御所様（教如）が御下向なされた」（『顕如上人伝』所載書状）とある。『陰徳太平記《いんとくたいへいき》』にも「殿下（秀吉）が六条門跡（本願寺）を同道したのは門徒らが九州に充満しているので本願寺より触《ふれ》させ早く味方にして兵糧等の便宜を得ようとの謀《はかりごと》だ」とあり、宣教師フロイス『日本史』にも、大坂の仏僧（本願寺）が秀吉に同行し下関に滞在したとある。秀吉の薩摩征伐に本願寺おそらく教如が少なくとも下関までは同行。錦の御旗になっていたことがわかる。

本願寺は本能寺の変で信長が死ぬと秀吉に接近。秀吉が権力を確立するため柴田勝家《しばたかついえ》と戦ったときには柴田の背後「加賀で一揆を催し御忠節」を尽くすと秀吉に約束した（天正十一年四月八日付秀吉書状）。以来、本願寺は秀吉の戦場に次期門主・教如を陣中見舞いに派遣。富山の佐々成政《さっさなりまさ》を秀吉が征伐した時も「秀吉より御異見（御指示）ゆえ」教如が直接金沢まで行って秀吉を支援している（『貝塚御座所日記』）。秀吉が北陸のライバルだった柴田・佐々を制圧し天下人になれたのは、この地に信者が多く絶大な影響力を誇る本願寺との連携があった。

本願寺は秀吉への戦争協力の見返りに大坂天満《てんま》での本願寺の維持を許された。秀吉自身が寺の縄打ち（場所決め）を行い、本願寺は籠城《ろうじょう》できぬよう塀や堀のない寺にすること（フロイス『日本史』）で秀吉と折り合った。

最初のキリスト教制限令である伴天連《ばてれん》追放令は、秀吉が本願寺と薩摩征伐をやっていた最中にだされている。これには「キリスト教は一向宗よりたちが悪い」との秀吉の認識が色濃く出ている。のちに日本最大の教団になる本願寺と、権力に弾圧されるキリスト教の運命はここで大きく分かれた。こんな話をしていると、博物館の方が「秀吉の伴天連追放令はうちにあります」と原本を出してきてくれた。私は日本の宗教情勢を決めたその一枚の紙をまじまじとみつめた。

城の便所の天井は高く

これは戦国時代の武士の戦闘マニュアルではないか。私は立ち尽くしてしまった。五年ほど前のことだ。ある古書展示会の浅倉屋の売り棚の前であった。浅倉屋は東京でも最古の書店。貞享《じょうきょう》年間（一六八四〜八八年）から続いている奇跡の古書店だ。こういう店があるから東京もフィレンツェに負けない文化の薫りがする。秘かに私がそう思っている店だ。

表題に「明石真珠」とあり、なんだろうと手に取ったら、大変な物だった。幕末の文《ぶん》久《きゅう》三（一八六三）年に筆写された写本で「加藤左馬殿百物語」「活法秘書」「霊剣之伝」の三つの書物を収めていた。

このうち「霊剣之伝」は香取《かとり》神道流系の剣術の秘伝書だが、あとの二つには驚いた。

「活法秘書」は忍術書の一種といってもよいもので、溺死《できし》・雷死（感電死）・餓死・凍死に瀕《ひん》した者の救命法が書いてある。「忍扇之事《しのびおうぎのこと》　口伝　三之極秘」などとあり、忍者が毒殺に使う仕込み扇子のことまで書いてあった。

「加藤左馬殿百物語」は、なんと長年、探していた本だった。加藤左馬は加藤左馬助嘉《さまのすけよし》明《あき》のことで豊臣・徳川に仕えた勇将。「賤ヶ岳《しずがたけ》の七本槍」の一人でもある。最後は会津四三万石余の大大名となった。三代家光《いえみつ》の時代になると、戦国生き残りの武将として尊敬をあつめ、家光に初めて鎧《よろい》を着せる儀式では鎧親の役をつとめた。

　加藤の戦闘技術は当時の武士の垂涎《すいぜん》の的であったから「左馬助殿軍語《いくさがたり》」という合戦戦闘マニュアルが彼の家臣・堀主水《ほりもんど》の手で編まれた。私は「会津先封物語」という書物でそれを知り、東京大学史料編纂所《へんさんじょ》でおそらくそれにあたると思われる謄写本《とうしゃほん》「加藤嘉明軍記」（硯田叢書《けんでんそうしょ》）を発見し研究に着手していたのだが、その原物は世界で一冊だけ、大分県に存在するだけでみたことがなかった。どうもその原物がもう一冊、出てきたらしい。さすが浅倉屋だ、蔵が深い、と思った。

　手に入れた本をめくると、合戦の開始から城攻め・築城・首実検まで戦国の戦闘の留意点が網羅されている。鎧の着脱については「陣取って後まで具足は脱がぬものなり。

自然（万一）ふっとしたる事あるためなり」とある。心得のある武士は用心のため行軍の終わった陣中でも鎧は容易に脱がぬものであった。

また物見（偵察）に出た時には、敵の正確な人数を大将に報告するものかと思えば、そうでもない。「敵の人数は多く言わざるものなり。敵の人数を五千とみたら二千余りか三千余という。一万と見たら五千という。大将もその分別して聞くもの也」とある。これでは古文書に出てくる軍勢の人数が不正確なはずだと、妙に納得した。味方の士気を高めるため、物見役は人前では敵の人数を半分ぐらいに報告する習慣があったのだ。長年、歴史を研究しているがこんな記述は初めてみた。

生々しい記述もある。「首を取るのに（敵を）畝《うね》溝に斬り倒し（自分が）立ちながら斬る時は（刀の）切っ先で斬れ。手元の物打（刃）で斬ろうとすると切っ先が土にあたる」。まあ、これぐらいは当たり前だが、意外だったのは城における便所の作り方である。注意点があるという。「城中の雪隠《せっちん》は指物《さしもの》で入ってもかまわぬほどに、上を高くするものなり」。なるほど、戦闘中の武士は背中に旗指物がある。便所の天井が高くないと、ひっかかってしまう。

こんなことを語る加藤は、若い頃、戦闘中に便所の天井が低くておしっこに困った経験があったのかもしれない。

股を潜るか、斬り捨てか

『歴史の愉しみ方』（中公新書）という自著に、坂本龍馬の話を書いていたからであろう。ＮＨＫから電話があった。「『歴史秘話ヒストリア』という番組で龍馬暗殺の現場検証をやります。ついては京都までロケに来ていただけませんか」。暮れで忙しいが、好奇心に負けて出かけた。収録は存外早く済み、京都で時間が余った。古美術店をひやかしに行くことにした。

一軒の店が思い浮かんだ。新烏丸《しんからすま》通《どおり》竹屋町《たけやちょう》上ルの書画屋「文藻堂《ぶんそうどう》」である。ここの主人は京都の書画屋では現役最高齢である。きわめて理知的な人で賢い。夫人が著名な書画商の娘さんであったこともあり、勤めをやめてから、この商売を始めたらしい。

私は若い時分、ここで随分書画の見方を教わった。なにしろこの店には奈良時代の写経断片「中聖武《ちゅうじょうむ》」やら平安鎌倉の古筆切《こひつぎれ》やらが、わんさとあった。その原物を手に教授してくれたのだから、これほど面白い時間もなかった。ところが息子さんが京大を出て優秀な経済学者になってしまわれたから後継者がいない。一人でぽつんとおられるから会いに行きたくなった。

のれんをくぐると主人の温顔が出迎えてくれた。「よう、きてくらはりました」。京言葉である。何か買いたいが古書画は高い。私は入り口のサービス品コーナーをみた。「韓信股潜図《かんしんまたくぐりのず》」一万五千円の掛け軸がつるしてある。韓信は古代の中国人。若い時、長剣を帯びていたらチンピラにからまれ、「オレの股を潜れ」と言われ屈辱的だが喧嘩《けんか》を避けて潜った。この辛抱が功を奏し、のちに大将軍、斉《せい》王に出世した。劉邦《りゅうほう》が漢を建国できたのはこの男の軍事的天才による。

いわゆる「韓信の股潜り」の故事であり、「大望ある者は目先のつまらないことで争わない」との意味でしばしば絵に描かれた。署名落款は「南岳《なんがく》」とあるから円山応挙《まるやまおうきょ》の十大弟子の一人渡辺南岳（一七六七～一八一三年）の作品であろう。一万五千円は安い。「見切って売ってますのや」と主人はいう。

韓信が股を潜る絵の上に賛が書いてあるから解読してみた。「唐は唐。日本は日本。

唐の紙屑《かみくず》ばかり拾ひて日本の刀を忘るることなかれ」「道なかに立つの市人きりすてて股はくぐらぬ大和魂　杏花園《きょうかえん》」と読めた。次の瞬間、全身に鳥肌が立った。すごいものを見つけてしまった。杏花園は大田南畝《おおたなんぽ》（蜀山人《しょくさんじん》）の別名である。南畝の対中国意識の一端を示す重要史料であった。

江戸期に日本のインテリは思想面で脱中国をはじめた。「唐は唐。日本は日本」といいだした。山鹿素行《やまがそこう》『中朝事実《ちゅうちょうじじつ》』がはやく、日本こそが文化の中心、すなわち中朝、中華である、とまでいった。この種の思想を歴史学界では「日本型華夷《かい》意識」とか「日本の小中華思想」といっている。熊沢蕃山《くまざわばんざん》も中国崇拝を否定している。本居宣長《もとおりのりなが》の「からごころ」批判は有名だ。南畝は中国の書物を紙屑と呼び、日本の刀を忘れるな、無礼者は斬り捨てて股は潜らないのが大和魂といわぬばかりの賛を書いている。南畝は幕府の役人として、長崎に出張滞在し、長崎の唐人屋敷の中国人と交流もしている。その南畝の対中国意識の激烈さに、私は驚いた。

絵を眺めながらさまざまな想いが去来した。考えてみると、尖閣《せんかく》問題以来、日本と中国の関係が必ずしもよくない。「自制」ということが問われている。かつて日本は南畝のいう、力で斬り捨てる武士の論理で一時は成功した。しかし結局、欧米に打ち負かされた。大和魂を叫び中国を馬鹿にして韓信の自制を失った日本ははっきり失敗した。急に金持ちになった中国も大国意識をもって自制を失うと、かつて日本が落ちた陥穽《かんせい》にはまる。中国はすでに空母・ミサイルをもち、長剣を帯びている。我々も中国も大きな物の考え方ができると信じたい。ともに古くから「韓信股潜図」を楽しんできた文化的深みのある国なのだから世界に責任があるはずだ。

しばらくして、文藻堂は、店を閉じた。「私ももう高齢ですので、この暮れで店じまいとします。長らくありがとうございました」と、主人は丁重にいわれた。

今も生きる「慎み」の教え

以前、「殿、利息でござる！」という映画を松竹系で公開したことがある。私の本『無私の日本人』（文春文庫）の中の一編を映画化したものである。

この話は東北仙台近郊の貧しい宿場町で起きた感動の実話がもと。映画化にいたる経緯は奇妙なものだった。以前、やはり私が著した『武士の家計簿』（新潮新書）が映画化された時のこと。ある老人から便りをもらった。「磯田先生。自分の住む吉岡宿《よしおかじゅく》（宮城県大和町《たいわちょう》）にすごい話がある。本に書いて映画にしてくれ」。

驚いたが文面は必死である。無視できず私は調べ始めた。「国恩記《こくおんき》」という古文書があって感動実話の顚末《てんまつ》が記されているらしい。仙台藩史料集『仙台叢書』で活字化されている。東大農学部図書館に読みにいった。

これが泣けた。映画は脚色しているので『無私の日本人』を読んで頂くしかないが、とにかく、浅野屋甚内《あさのやじんない》と穀田屋十三郎《こくだやじゅうざぶろう》という人物が偉い。古文書を読んで大学図書館内でポロポロ涙が落ちたのに自分でも驚いた。「書かねば」と思った。月刊誌『文藝春秋』に連載を頼まれていたので、早速、書き始めた。大きな反響があった。便りがいっぱい来た。

一つだけ不思議に思った。立派な人物の話を書くと、大抵、子孫が手紙をよこして名乗り出てくる。今回はそれが全くない。無名の庶民の話なので子孫を取材しないと、どうにも書き進められない。電話帳をめくり、宮城県大和町吉岡に「酒の穀田屋」という酒販店をみつけて電話をかけたらご子孫だという。

取材に訪問した。穀田屋十三郎は三〇〇年近く前に生まれた。仙台藩の重税にあえぐ宿場の民を救うため現在の価値で三億円の基金をつくって藩に貸し、年々藩から三〇〇〇万円の利息をとって三〇万円ずつ約一〇〇軒の家に配り宿場を衰退から救う制度をつくった。寒村だから基金三億円をつくるのが大変。穀田屋たち九人の商人が倒産覚悟で無償でお金を出し合った。

そんなことをすれば当然、町の英雄になる。ところが穀田屋たちは「慎み」の約束を結ぶ。金を出して宿場を救った自分たちは子々孫々の代まで上座に座らない。やったことを人前で自慢しない。道の端っこを歩くように町で暮らす、というのである。私は東北新幹線に乗り、酒の穀田屋にたどりついた。手製のデザートを出してくれた。思い切って聞いてみた。「あのぅ。子孫だと名乗り出られなかったのはご先祖の教えですか?」。穀田屋さんは温顔でコクリと、うなずいた。

私は感動したので、ふと立ち寄った京都の古書画商・山添天香堂《やまぞえてんこうどう》の店先で「渋谷」と名乗る紳士にこの話をした。すると紳士が「娘が仙台の東日本放送にいる。先生の本を送りたい」といった。それから不思議な感動の連鎖が起きた。紳士は本当に娘さんに私の本を送った。読んだ娘さんも感動して泣き、同放送局の女性アナウンサーだった親友に本を渡した。この親友も読んで感動し、夫に「あなたこんな話を作品にしなきゃ」といった。なんと、その夫が映画監督の中村義洋《なかむらよしひろ》さん。本作はこうして映画になった。古文書には不思議な力がある。人の美しい思想が、そこに宿っていると、古文書に現世の人間が動かされ、操られるように、何かが起きる。だから、私は、この仕事がやめられない。

羽生君、「殿」を演じる

映画「殿、利息でござる！」を製作したとき、フィギュアスケート選手の羽生結弦《はにゅうゆづる》君が出演してくれた。この映画は原作者の私がいうのも何だが本当によい映画である。完成した映画の初号試写で羽生君たちを、こっそりみせてもらったが、無茶苦茶に泣けた。初号試写で、出演女優が号泣することはある。出た女優が試写で泣かないような映画は駄目である。しかし今回驚いたのは出資会社や広告代理店の男など、おじさんまでボロボロ泣きながら試写室から出てくることだった。羽生君が出演してくれるまでの経緯を書いておきたい。

この映画のあらすじはこうだ。主人公・穀田屋十三郎は仙台藩領（宮城県大和町）の吉岡という貧乏な宿場の酒屋。伝馬役《てんまやく》という藩の荷物運び役儀が重く、宿場から夜逃げが続出。衰退しつつあった。家数が減れば一軒あたりの負担はさらに重くなる。また夜逃げが増える悪循環。そこで穀田屋たちは、奇抜な解決策を思いついた。宿場の旦那《だんな》衆九人が犠牲になり一軒平均で今の約三〇〇〇万円余を出しあい総額三億円の基金をつくる。それを仙台藩の殿様に年利一〇％で貸し付け毎年三〇〇〇万円の利息をとり、一〇〇軒ある宿場の家々に三〇万円ずつ配る制度をつくって衰退を止めるというもの。殿が百姓から年貢をとる江戸時代。殿から金をとる途方もない計画だった。ところが、穀田屋たちは大変な苦労と知恵で、お上と交渉。この基金制度を藩にみとめさせていく。そして、これは実話なのである。

私はこの基金にお金を出した無名の庶民九人のことを調べた。一番多くお金を出したのは穀田屋の実兄・浅野屋甚内。実に一人で九〇〇〇万円出した。当然、家業が傾く。その後、どうしたのか調べると、故・吉田勝吉という地元大和町の篤志家が浅野屋の墓碑の拓本をとっていた。それを読み解いて驚くべきことがわかった。

なんと浅野屋は仙台藩から「褒美をやる。仙台城下においで」といわれたが「足が悪い。自分は馬や駕籠《かご》には乗らない。駕籠は人間が担ぐ人の肩を苦しめる乗り物。乗らない主義です」といって出てこなかった。すると奇跡が起きた。仙台藩主・伊達重村《だてしげむら》が、浅野屋に会うため、みずから宿場の浅野屋まで出向いて、店にあがり、浅野屋のお酒に命名して揮毫《きごう》し、支援してくれた。藩主が貧乏宿場の酒屋に乗り込んできたのだから当時の人はさぞかし驚いたに違いない。

当然、映画でもこのシーンを描くことになった。ところが、出演者の阿部サダヲ・瑛《えい》太《た》・妻夫木《つまぶき》聡《さとし》を圧倒する存在感の「殿」を演じる俳優さがしに困った。そこで中村義洋監督と松竹の池田《いけだ》史嗣《ふみつぐ》氏が相談して「スケートの羽生君にお願いしてみよう」となったらしい。私の原作本を羽生君のお父さんに持って行って読んでもらったら、親子で考えてくれ、しばらくしてＯＫがきた、という。

仙台出身の羽生君は、震災後の東北を励ますことへの志がしっかりしている。映画が仙台の話でまさに庶民の町おこしをテーマにしており、時代劇出演がスケート演技にもどこかで生きるとも思われての決断であったと、あとで聞いた。

実は、私も、古文書を扱う役で、一瞬、出ている。和紙の文書処理という日常やっていることでの出演だからか「あまりに自然すぎて溶け込み、先生がどこに居たかわかりにくかった」と、週刊誌の記者にいわれた。

故郷の鰻で祝い酒

映画会社の松竹から頼まれた。「磯田先生！『殿、利息でござる！』を封切ります。原作の先生も舞台挨拶《あいさつ》をしてください」。映画の舞台挨拶は、監督と俳優がやるものであって原作者が壇上でマイクを握るのは、めずらしい。ただ今回は私も出演している。のうのうと年貢米を喰《く》い、主人公たちを搾取している仙台藩のお奉行の役である。

原作者などが、ちらっと出演するのを「カメオ出演」というらしい。カメオとはいえ、役作りはやってみたい。面白そうだから「ロバート・デ・ニーロごっこ」と称して、私はさんざん米を喰い、五キロでっぷり太って出演してみた。そのあと九キロ痩せてみた。食べる糖質の量をコントロールすれば、痩せたり太ったりは、そんなに難しいことではない。本気で書く文章の一行を書きだす方がはるかに難しいと思った。

舞台挨拶にいってみると、主演の阿部サダヲさん、瑛太さん、妻夫木聡さんに千葉雄《ちばゆう》大《だい》さん。松田龍平《まつだりゅうへい》さんまで来てくれていた。竹内結子《たけうちゆうこ》さんはやはり奇麗な女優さんで、NHK大河ドラマ「真田丸」で、私の友人・堺雅人《さかいまさと》さんと共演している。いきおいそんな話になり、「豊臣秀頼《ひでより》は肥満で軍馬での突撃作戦が危険。淀殿《よどどの》は戦場に出したくなかったのでは」などと、舞台裏で、竹内さんと大坂夏の陣の話をしながら出番を待った。

さて、「登場してください」というので、映画を見終わった観客の前に立った。千の眼がこっちを見ている。ボロボロ泣いている若い女の子もいれば、年配の方もいた。年齢層がひろい。老若男女を問わぬ映画は口コミで客が広がる。「これはいけたかも」と思った。昼過ぎになると、観客動員のデータが次々に入ってきて、松竹の社員が興奮した声で「先生！　ヒットです」といった。「ディズニーの『ズートピア』は抜けませんでしたが、『世界から猫が消えたなら』も『64』もおさえて邦画一位です」。「殿、利息」は、宣伝でわざとコメディー映画のように見せているが、実は違う。家族で泣ける感動作である。こういうものを、ちゃんと見つけて見に来てくれる日本人も捨てたもんじゃないな、と思った。

それから、松竹本社へ帰って祝杯をあげた。「公開二日間で興行収入約二億円の見込み」とのことで社員は大喜び。そこで、いいものを見つけてしまった。酒である。酒蔵も舞台になっている映画だからタイアップのお酒が造られていたのである。映画のなかに羽生結弦さん演ずる仙台藩主が「春風」「霜夜」「寒月」と地酒の名前をつけるシーンがある。それを記念した酒「殿の春風」が置かれていた。「しめしめ、これはいい」と、私は一本丸ごと背広の裏にかくして持ち出し、舞台挨拶に移動するロケバスのなかで、ラッパのみを始めた。阿部サダヲさんがあきれたふうに見ているが気にしない。

ところが、途中で松竹の女子社員に見つかり、「先生！　まだ挨拶の映画館が四館ありますから」と取り上げられてしまった。「映画ヒットの祝い酒なんだから返してくれ」というと、「舞台挨拶が終わったらお返しします」。

その酒を手に提げて京都に戻り、錦小路の市を歩いていると、奇跡にぶつかった。故郷岡山の天然鰻《うなぎ》、アオがあったのだ。本当に身が青い美味な鰻だが、数が減り、幻の鰻になっていた。この三〇年食べていない。天然鰻は自然保護のため喰わぬことに決めていたが、「今日だけは、いいか」と購《あがな》って帰り、「殿の春風」の肴《さかな》にした。うまかった。

一八四〇年豪農の豪華な旅

郵便受けをみると、古本屋さんから、古文書の販売カタログが送られてきていた。頁をひらくと、いろんな古文書の写真が載っている。その中の一点に、私は、ふと目をとめた。「天保《てんぽう》十一（一八四〇）年道中日記帳」。

幕末に甲府盆地に住んでいた人が、四国の金毘羅《こんぴら》さんにお参りして、岡山の城下をまわって帰る旅日記だそうだ。岡山は私の郷里。幕末の旅人が、自分の故郷をどのように記しているか知りたくなった。値段は八〇〇〇円。買ってみることにした。売約済みでないことを祈りつつドキドキしながら古本屋に電話をかけた。「あのう。道中日記が欲しいんですが」。「ああ、あれですか。まだ売れていません」。ほっとした。

後日、日記が送られてきた。梱包《こんぽう》をとくと、裏表紙に「甲斐《かい》国（山梨県）八代《やつしろ》郡南《みなみ》

田中村《たなか》　田中伝左衛門《でんざえもん》」とある。早速解読してみると、そこには一七五年以上前の旅の生々しい姿があった。

日記をつけた豪農の田中伝左衛門は正月二十一日に村を出た。「往《い》ぬ去る」だからか、戌《いぬ》年女と申《さる》年女から一二文ずつ餞別《せんべつ》をもらい、出発している。舟と馬を乗り継ぎ三日目には早くも、静岡の久能山《くのうざん》東照宮に参詣《さんけい》。壮麗な東照宮の建築に感動し、「けつかぅ（結構）誠に目を驚かすばかりなり」と記している。日光を見ずして結構というなかれ、という言葉があるが、伝左衛門は日光でなく、一回り小さな久能山の東照宮の権現《ごんげん》造りの建築を見ただけで結構といっている。

静岡といえば安倍川餅《あべかわもち》が名物だが、食べたのだろうか。そうおもって頁をめくると、あった。「あべ川を渡り、銘物安倍川餅をたべ、夫《それ》より駕籠に打乗り」と、ちゃんと食べている。舟・馬・駕籠に乗り、土地の名物をことごとく味わっているから豪華な旅だ。伝左衛門は富裕だったに違いない。江戸後期に、豪農豪商が豪華旅行をはじめている様子がわかる。

豪農は教養もある。伝左衛門が、愛知の桶狭間《おけはざま》古戦場を見学しているのには驚いた。「桶はざま。往来より左の方、半丁（約五四メートル）ばかり奥。今川義元《いまがわよしもと》公戦死の場所ならびに七将の墓、有」り、と、きちんと書いてある。明和《めいわ》八（一七七一）年、桶狭間古戦場に、七石表《しちせきひょう》とよばれる今川義元らの石碑が建立されたが、これをみたのだろう。

ただ、肝心の私の故郷岡山については、吉備津《きびつ》神社の回廊が二〇八間（約三七〇メートル）もあって長かったとか、岡山城下では「角屋」という宿に泊まったとか、たいしたことは記されていなかった。大坂では人形芝居（浄瑠璃《じょうるり》）を見物している。大津で木曽義仲《きそよしなか》の墓などをみている。地方の富裕層が文化的な旅行を楽しむ様子がみえて面白い。

ところで、この日記を書いた伝左衛門の子孫を探せないかと思った。彼がいた南田中村は現在の笛吹《ふえふき》市一宮町《いちのみやちょう》田中である。電話帳をみると、この村には田中姓の家が一〇軒たらずある。グーグルのインターネット写真地図でこの村の様子をみた。

すると、「田中電気」という郵便ポストが店の前にある電気屋さんをみつけた。甲州街道沿いだ。経験上、郵便ポストが家の前にある家は古い。この店に狙いをさだめて電話をかけてみた。「もしもし静岡文化芸術大学の磯田と申しますが」。

突然の電話だったが、ご主人は親切。「ああNHKのテレビの歴史番組に出てる磯田先生ですよね。その伝左衛門さんが私の先祖にあたるか、資料で調べてみましょう」といってくれた。

昭和天皇を育てた男

ところが、田中電気は、伝左衛門の直接の子孫ではなかった。この話を読売新聞に書いたら、近い子孫が名乗り出てきた。

読者から手紙がきたのである。手紙に書かれた番号に電話をかけると、男の人が出て「はあ。うちの系図にはたしかに伝左衛門の名前がありますが」という答えである。田中電気の近くにあるモモ農家だった。また記事をみた子孫の一人、東京在住の田中あかねさんが、私の勤務先に電話をくれた。「田中電気は子孫ではなく伝左衛門の子孫は二つに分かれて今三軒あります。田中家は信玄以前から一宮にいた豪族で、明治末期の洪水後、村民救済で私財を投げ出し、苦心しました」という。なかなか詳しいことまでわかるものだと思った。子孫ではなかったのに、田中電気からは美味しいモモが送られてきて恐縮した。

　このように歴史は調べれば、どんどん出てくるものである。とくに近代はそうだ。最近、驚いたのは、桑野鋭《くわのえい》という大正・昭和天皇の二代の天皇を養育した傅育《ふいく》官の史料が出てきたことだ。彼が自筆でしたためた和歌集が古本屋でみつかり、宮内庁でなくて、私の手元に来て、いま分析している。

　この桑野は異色の経歴の持ち主である。元来、花柳・風俗物の雑誌を作っていた男で、公序良俗に反する記事で監獄に入ったこともある。明治という時代はスケールが大きい。愉快にも、そんなやんちゃをした男が老いて、昭和天皇を育てた。学習院長乃木希典《のぎまれすけ》らと相談し、未来の天皇を初めて「学校」に通わせて教育するシステムを整えたのは、桑野である。未来の天皇（皇孫殿下）を学校に行かせるのは容易ではない。例えば制帽に学習院の校章をつけるわけにいかない。菊紋にするとか細かい調整が要った。

　昭和天皇が終戦をはかる経緯は、一般書では『日本のいちばん長い日』（半藤一利《はんどうかずとし》、文春文庫）が詳しい。実質、母親代わりだった足立《あだち》たかの夫、鈴木貫太郎《すずきかんたろう》に組閣の大命を下し、鈴木たちが命がけで戦争を終わらせる過程をわかりやすく描いている。鈴木は「戦争はこの内閣で決着する」と決意し、投げ出さなかった。難局にあたった時、政治家が、自分の責任において行うと決意することほど大事なことはない。

歴史を動かすのは人間であり、戦争をはじめるのも終わらせるのも人間だ。歴史を動かす人間の育ってきた道すじをたしかめておくことは大切である。昭和天皇は実父の大正天皇とはほとんど暮らしていない。父親代わりとなり絶大な影響を与えたのは、乃木・鈴木・桑野の三人である。桑野の自筆和歌集から、私は思った。昭和天皇は終戦時、関ヶ原の合戦を想っておられたのではあるまいか。

昭和天皇は幼時、関ヶ原合戦の経緯を教わり、小早川秀秋《こばやかわひであき》の裏切りで事態が決したことを知り、桑野らに、自分は二心あるものを嫌う、と発言している。桑野の歌集をみると列車で関ヶ原付近を通るたびに、裏切り者さえいなかったら徳川の葵《あおい》は切り払われていたのに、というような和歌を詠んでいる。昭和天皇の戦争観に、小早川トラウマを植え込んだのは、西軍であった柳川《やながわ》藩立花《たちばな》家出身の桑野であったろう。

それで、北のソ連が参戦してきたとき、昭和天皇は三〇分もしないうちに降伏への行動をとっておられる。背後の松尾山《まつおやま》に布陣した小早川＝ソ連が襲ってくれば、西軍＝日本はおしまいだ、という頭が、おありになったのではないか。終戦の夏、私は昭和天皇を育てた男の筆跡をみながらそんなことを考えた。

殺人子爵の不吉な短冊

先日、縁起物を買おうとして、恐ろしく不吉な物を買ってしまった。東京・谷中《やなか》の瑞輪寺《ずいりんじ》で妻の祖父の法事を済ませ、骨董屋に立ち寄ると、明治大正期の子爵様・伯爵様がしたためた短冊がたくさん、売られていた。

そのなかに、梅の蕾《つぼみ》と松葉が日本画で描いてあり、「従五位下陸奥守菅原孝長写《むつのかみすがわらたかなが》」と読める一枚があった。「これは菅原道真《みちざね》の子孫の公家が描いた梅の絵だ。縁起がいい。買って帰ろう」。私は息子を「道真」と名付けた。天神様菅原道真と同じである。息子の誕生日にこの梅の絵を飾ろうと考えた。値段も一五〇〇円と安い。

早速、店の人に言って包んでもらい、その短冊を胸に抱いて地下鉄に乗り込んだが、胸騒ぎがする。梅の蕾が不吉に散り落ちた感じの絵なのも気にかかるが、孝長という名が引っ掛かる。たしか菅原道真の子孫の公家は高辻《たかつじ》・五条《ごじょう》・唐橋《からはし》・東坊城《ひがしぼうじょう》・清岡《きよおか》・桑《くわ》原《はら》の六軒だ。主に彼らが元号の案を考えた。「天神様の子孫に元号を考えさせ改元すれば易姓革命（王朝の交代）が避けられる」と考えられていたふしがある。

不意に「菅原孝長は殺人子爵・桑原孝長のことか！」と思い出した。陸奥守などと古めかしく偽装しているが短冊は近代の物にみえる。窮した公家華族は短冊を書いて稼いだ。これは桑原孝長の作か。私は自宅に帰るなり調べ始めた。一〇〇年近く前の読売新聞・朝日新聞をあさった。そこには桑原孝長のおぞましい犯罪の顚末が記されていた。

桑原家は禄《ろく》三〇石三人扶持《ぶち》。極貧の公家だった。維新後、子爵になったが貧しいまま。大正五（一九一六）年の華族名簿をみても京都市上京《かみぎょう》区菊屋《きくや》町《ちょう》の彼の家には電話がない。二条城の御殿番（宮内省殿掌《でんしょう》）をして暮らしていた。母と妻、事件当時六歳の娘、幼い妹と弟二人の七人家族だったが、妻は家を出て離婚。以後、孝長は「益々《ますます》乱行募り、鳥料理の女中某を自邸に入れて、内縁の妻とし、或《あるい》はカフェーの女給仕と情を通じ、負債は山の如《ごと》く、遂に宮内省にても、先月（一九一九年九月）十八日、反省を促すべく殿掌の職を解」くに至った。

これがまずかった。失業した三十七歳の孝長は思いつめた。家から四〇〇メートル先のうどん屋の妻ます二十五歳と「かねて情交ある」関係だったが、彼女を十月十五日深夜二時に岡崎公園の疏水《そすい》のほとりに誘い出し、一緒に死のうと迫った。ますは華族の紳士と交際してみたかっただけである。驚いて逃げた。しかし女の足である。孝長は冷泉《れいぜい》橋《ばし》で追いつき、あろうことか用意したステッキ銃で「ますの左胸部を撃ち貫」いた（読売新聞）。

それから孝長は「東山伝ひに峡谷に隠れ、時々里へ出て、柿、芋を盗み食」いし、今の新山科《やましな》浄水場の谷に七〇日間も潜伏した。巡査に捕縛された時、着衣はボロボロ。頭髪はヨモギの如く、髭《ひげ》ぼうぼうで眼光気味悪い怪物のようだったという。

当然、華族から除族処分。裁判所の判決は「炭坑労役一二年」。九州の三池《みいけ》監獄に炭坑労働者として送られた。しかしこの貴族は重労働に耐えられなかった。結核を発症。入獄六年目の大正天皇の誕生日に恩赦で出獄。京都八条の病院に入院したが、世間を憚《はばか》り院長にも本名を明かさず、偽名の平民「羽柴豊吉」として翌年死んだ。四十四歳。「肉親といっては長男が、大阪の某商店で奉公している」で朝日新聞の記事は終わっていた。

たしかに不吉な短冊だ。しかし調べるうち捨てようとは思わなくなった。将来、息子に「こういう人間の描いた梅の花だ。犠牲者もいる」と事情を話して、うちで供養しようと決めた。

皇居の激しい空襲被害

八月十五日が近いから、忙しくて入手してそのままにしておいたあの「日誌」を読もうと思い立った。

それは偶然にみつかった。四月下旬、東京・南青山の古書日月堂に立ち寄ったら、店主の佐藤真砂《まさご》さんが、ぬっと一冊の和本を差し出した。「磯田先生。こんなのが出ました」。真砂さんは教養があり、名だたる文化人が信頼を置いてこの店に集う。何かと思って本をめくって驚いた。

宮内省用箋《ようせん》にびっしり書かれた昭和二十年の日誌であった。書いたのは、天皇の車馬を司《つかさど》る宮内省主馬寮《しゅめ》の職員。皇居の中の敗戦までの日々を綴《つづ》っていた。しかもこの職員は、当時の皇太子様（今上陛下）と義宮《よしのみや》様（常陸宮《ひたちのみや》殿下）の乗馬教習係でもあったらしく、今上陛下の終戦の際のご動静も垣間見える史料であった。真砂さんは私にその日誌を譲ってくれるという。しかも、恐ろしく安い値段しか受け取ってくれない。「史料は研究に役立つほうがいい。それで何か書かれたら、掲載日を教えてください」というばかり。深々と頭を下げて持ち帰った。

日誌は、戦火が皇室に迫る様子を活写していた。一月四日、Ｂ29が「数発の爆弾を豊《とよ》受《うけ》大神宮（伊勢外宮《げくう》）神域に投弾。斎館《さいかん》二棟・神楽殿《かぐらでん》五棟崩壊す。一億怒り心頭に発す」。二月に入ると、皇居内でも「爆撃対策に付き懇談」がはじまる。九日、昭和天皇は、判任官待遇以上の「防空組織員」に襟衣《えりごろも》（おそらく防空服）の上下を下賜して士気を鼓舞。しかし十九日には「主馬寮々庭に敵機の破片約一米、長方形、落下」。皇居にも米軍機の破片が落ちてきた。

皇居も空襲の被害をうけたことは知られているが、日誌を読むと、その被害は想像以上。最初の被害は二月二十五日で「主馬寮分団・厩舎《きゅうしゃ》区に焼夷弾《しょういだん》約百五十発落下」「火災を発生せる箇所、御裁縫所・済寧館《さいねいかん》（道場）前倉庫……用度課倉庫・内閣文庫（書庫）・御局《おつぼね》等焼失」。二度目は三月十日の大空襲。「庁舎に対しては集団的焼夷弾の落下あり」。宮内省主馬寮は全焼した。

三度目は四月十三日で、皇室一家にミルクを提供する御料乳牛場の飼料庫などが焼けた。この日、雅楽奏者の職員等が焼死し、霊柩《れいきゅう》が二つ、宮内省内にならんだ。四月二十九日の昭和天皇の誕生日の拝賀行事もたびたびの「(空襲)警報発令中、取止め」となっている。四度目の五月二十五日の大空襲で「大宮御所・各宮邸(久邇宮《くにのみや》家を除く)にも火災」「遂《つい》に宮城《きゅうじょう》(皇居)表御座所(執務室)外、烏有《うゆう》に帰し多数の犠牲者(三三人)を出すに至る」。皇居は四度の空襲で宮殿をほぼ失った。

こんなふうだから、この頃、皇室の男子は全滅の危険をさけるため一か所におらず分散させられていた。皇太子殿下は、日光田母沢《たもざわ》御用邸。義宮様は、日光山内御用邸に疎開した。日誌の著者は、日光に乗馬を教えに行っている。五月十一日「皇太子殿下には午後三時三十分より御乗馬遊ばせらるべき旨、仰せ出さる。御乗馬に対する御熱心の程、拝察するだに畏《かしこ》き極みなり」とあるから余程ご熱心であったのだろう。日誌から、十一歳の今上陛下は、朝九時半から馬に乗り、しばしば裏見《うらみ》の滝まで往復八キロを行って帰っている。午後は、九歳の義宮様が山内御用邸のテニスコートで乗馬練習。六月十五日には、「始めて速歩を遊ばされ御満悦」とあるのが、微笑《ほほえ》ましい。

八月十五日の正午、この日誌の著者は東京で玉音放送をきいて泣いた。それでも義宮様に乗馬を教えなくてはならない。夕方の四時、上野駅から日光に向かっている。この日、鉄道は動いていなかった。敗戦のショックで「国鉄従業員為す処《ところ》を知らず列車の運転、為に大遅延。夜十二時に漸《よう》く日光に着く」。これがこの日誌の終戦記事である。

第2章　家康の出世街道

若き家康を「見える化」

徳川家康は、どんな顔をしていたのか。これで頭を悩ませられた。二〇一五年の家康公の没後四〇〇年を前に、家康が数え二十九歳から四十五歳まで居た静岡県浜松市でも顕彰事業が企画され、市役所が、何をやったらいいか、当時浜松に住んでいた私にきいてきた。二〇一二年から四年間、私は歴史時代の地震津波の研究をしようと、浜松に移り住み、静岡文化芸術大学につとめていた。

一体、浜松という町には家康の痕跡《こんせき》は少ない。工業都市だから空襲でやられているうえ、家康が居た頃はまだ弱小大名だから、城にはほとんど石垣もなく、戦に明け暮れて、立派な寺社も遺していない。一方、静岡市には天下人の大御所になってからも住み、巨大な駿府《すんぷ》城や国宝久能山東照宮ができた。家康を偲《しの》ぶ観光資源にこと欠かない。浜松市としてはうらやましい。

そこで、私は言ってみた。「浜松で家康を顕彰するには、まず家康公の『見える化』です。家康は太った狸親爺《たぬきおやじ》のイメージがありますが、浜松に居た時分はまだ若い闘将だった。二十九歳時点の家康公の姿を考証した立体像を作ってみては、いかがでしょうか」。浜松市は賛同。「若々しい家康像を浜松城に設置すれば観光客の目を楽しませられる。浜松の子どもたちの立体教科書にもなる。先生やりましょう」と、なった。

ただ、ここからが大変である。家康の顔を考証するには史料が要る。まずは家康公の肖像画や木像の写真をたくさん集めた。NPO法人「出世の街浜松プロジェクト」が奔走。一〇〇枚近く集めてくれた。ところが、そのほとんど全てが六十歳代以降の老いた家康像であった。唯一、しかみ像といって、三方ヶ原《みかたがはら》合戦の大敗北時の渋面を写したとされる肖像があるが、当時描かれた信ぴょう性は高くなく、写実的でもない。結局、家康の顔として最も信頼できるのは、家康を熱烈に尊敬した孫の三代将軍家光が描かせた晩年の家康公像である。

家康はイケメンの家系に生まれている。『三河《みかわ》物語』で祖父清康《きよやす》の容姿は称賛され、祖母のお富は絶世の美女であった。家康自身も鼻梁《びりょう》が通り目もパッチリしていた。私は提案した。「骨格を知り尽くした特殊メイクの達人に、家康の老いた肖像画をみせ、若返らせる方法で、生けるがごとしの家康像を制作してもらっては」。

国内最高の特殊メイク技術を誇るのは東京のＪＩＲＯさんの工房である。そこに依頼することにした。私は出世の街浜松プロジェクトのスタッフと上京。この特殊メイクの達人に会い、家康公の肖像資料のうち信ぴょう性の高い肖像や木像のコピー一五点ばかりを選び抜いて渡し力説した。「家康公は身長一五九センチ。目は虎の目、二重の瞳といわれ、白目が大きく虹彩《こうさい》が小さい。鷲鼻《わしばな》。耳たぶがとても大きい。爪はかむ癖があったからギザギザに」。特殊メイクの達人は「ほう。俳優でいえば若い頃の中尾彬さん似ですか」と応じる。とにかく、そんなやり取りで原案を作り制作してもらった。

しばらくして「出来た」というから、また上京した。みて驚愕《きょうがく》した。まるで生きているかのよう。毛穴一つ一つを彫刻し、眼球の血管まで描写していた。しかし、ただ一つ、違うところがあった。掌紋・指紋まで描写すると思わなかったから、家康公の手相の特徴を伝え忘れていて、特殊メイク工房スタッフの手相になっていた。家康の手相はその手形から、線が手のひらをまっすぐ横切っている「枡《ます》かけ」、別名「百にぎり」であったとされる。天下取りの手相だ。それにしてもらった。

この家康の生き人形。今は浜松城天守閣に展示中である。これをみたご婦人が「まあ。家康公は私と手相が一緒！　私は家の中で天下を取ってるわ！」といった。

浜松に史上最強の霊地

正月の初詣はどこに行こうかと考え、良いことを思いついた。「そうだ。浜松には日本史上最強のパワースポットがあるじゃないか」。それはまことに不思議な空間であった。浜松にある私の家から四〇〇メートルほど北にあり、今は小さな神社になっている。わずか五〇メートル四方の狭い空間だが、恐るべき霊力をもった場所らしく、ここにやってきた男二人に天下を獲らせた。日本中をさがしても、こんな霊地はない。

最初にやってきたのは豊臣秀吉であった。四六〇年前にこのパワースポットに「キサ」という少女が住んでいた。キサは八十歳近くまで長生きして豊臣滅亡後まで生き延び、秀吉の真実を遠慮なく語り、孫が『太閤素生記《たいこうすじょうき》』という記録に残した。これで闇《やみ》に消えるはずであった秀吉の無名時代の様子が後世に伝わった。

キサは浜松城の前身・引間《ひくま》城の城主飯尾豊前守《いのおぶぜんのかみ》の娘であった。ある日、配下の「松下」が「異形なる」面相の少年を連れてきた。浜松の町はずれ「曳馬《ひくま》ノ川辺」で拾ったという。白い木綿の着物は垢《あか》だらけ。異形な者で「猿かと思えば人。人かと思えば猿」といった感じ。「国はどこ。何者か」と訊《き》くと「尾張から来た」と猿はいい、「幼少の者が遠路なにしに来た」と問うと「奉公望み（武家に就職希望）」と答えたという。松下はこの猿顔の少年を宴会の見世物にしようと考え連れてきたのだった。松下は「御覧あれ」とキサたち飯尾家の一同に「猿」を披露した。キサは出てきてこれを見た。「皮の付いた栗を取り出して与え、口で皮をむき喰う口元が猿にそっくり」と、みな大笑いしたと『太閤素生記』にはある。

それから猿は愛された。体を洗い古い小袖《こそで》を与えられ袴《はかま》を着けると清潔になった。きけば猿は十六歳。父の遺産永楽銭《えいらくせん》一貫文（一〇〇〇枚）の一部を貰い、尾張清洲《きよす》で木綿着を作り針を仕入れて、それを売りながら浜松まで来たという。

松下は猿をはじめ草履取と一緒に置いたが、側近に抜擢《ばってき》してみると「なに一つ主人の心にかなわぬことがない」完璧な勤めぶり。それで納戸の出納管理を命じた。ところが他の小姓が妬《ねた》んだ。たびたび物が無くなり「猿が盗んだ」といってイジメた。松下は慈悲ある人で「おまえはよそ者だから無実の罪を言いかけられるのだ。不憫《ふびん》だが本国に帰れ」と路銀に永楽銭三〇疋《ぴき》（三〇〇枚）を与えて暇を出した。この猿がすなわち秀吉で十六歳から十八歳まで三年間、浜松にいた。秀吉にとって最初の就職の地は浜松市内を流れる曳馬川（馬込川《まごめがわ》）のほとりであり、猿の真似《まね》をして皮つき栗を食べ、のちの出世の第一歩を踏み出したのが、キサがいた引間城本丸の場所である。

それからしばらくして引間城は落城する。キサはかろうじて逃げおおせた。かわってこの五〇メートル四方の引間城本丸に入ってきたのは、徳川家康であった。家康はこの狭苦しい空間に一年ほど寝起きして城を拡張。城の名前を変え、浜松城とした。家康はこの城を根城にして遠江《とおとうみ》一帯を侵略した。天正十（一五八二）年に武田氏が滅亡、同じ年に、信長が京都本能寺で殺されると、ここから出陣して一挙に甲斐・信濃と領土を拡大。天下を狙えるポジションに躍り出て、秀吉の天下を奪った。

秀吉と家康。二人の天下人の人生の転機となった交差地点の所番地は浜松市中区元城《もとしろ》町《ちょう》一一一の二である。今の浜松東照宮。全く流行《はや》っておらず初詣客は少ない。しかし、ここにこっそり参って成功した浜松の社長を私は何人も知っている。

出世城の本丸を掘る

浜松に「日本史上最強のパワースポット」があるなどと読売新聞に書いたことがある。秀吉も家康もこの五〇メートル四方の地面、つまり引間城本丸、現在の元城町東照宮にきて飛躍の土台をつかんだ。二人の男を天下人にしたすごい出世運の地面だ。冗談交じりにそう書いた。

すると、元城町東照宮を訪れる人が予想外に激増。賽銭《さいせん》箱はいっぱいになり、九州からも参詣者がきた。早速、願いがかなった社長が奉納し社殿の鈴も新しくなっていた。

私は引間城本丸の地面に立ち、発掘できたらなあと思った。引間城が拡張され今の浜松城になった。駄目でもともと、浜松市の鈴木康友市長に「二〇一五年の家康公没後四〇〇年記念事業に向け、発掘調査をやりましょう」と言ってみた。「秀吉と家康が歩いた地面を掘るんです。地元の小学生にも発掘に参加してもらう。一日体験発掘。地元の歴史を愛する心も掘りおこしましょう」と口説いた。市にも理解があった。あっさり、三〇万円の予算がつき、文化財課が二〇平方メートルを試掘することになった。

私は小学生の時、発掘現場を見てまわる考古少年だった。しかし、発掘は見せてもらうだけ。掘らせてはもらえなかった。発掘は危険も伴う。子どもに道は閉ざされていた。ところが、なんと文化財課は保険をかけ、職員が子ども向けに城を説明するツアーまで組んで、私の提案を実施してくれた。私も同行。最新の学術成果により、秀吉・家康と浜松城・引間城について語った。「引間城は引馬・曳馬とも書く。鎌倉時代は主に引馬と書き、一五〇〇年頃から『馬を引く』が撤退を意味するので忌んだのか、現地にきた連歌師などは引間と記すようになる」などと、薀蓄《うんちく》をたれた。

さあ、いよいよ、発掘である。一般公募であつまった子どもが移植ごてや竹べらを、秀吉・家康の地面にあてた。瞳がキラキラである。「秀吉は十六歳頃、ここにきて宴会で猿そっくりのしぐさで栗を食べた。その時代の食器が出土するかも」。

大手柄は小学六年生の神谷颯汰君だった。みんなで発掘していて神谷君が掘り出したのが完形に近い土器《かわらけ》だった。私は言った。「秀吉、家康、その家来たちが捨てたものかも。教科書中の歴史人物が家の近くにいて、その食器を掘り出すなんて夢があるね」。小学生はニコニコ。

土器は室町期の使い捨て食器。現在の紙コップや皿である。出土する土器の量と密度はすさまじかった。二平方メートルほど試掘しただけで破片が三〇〇点も出た。「尋常な量ではない。ここが酒肴《しゅこう》をかわす武家儀礼が盛んにおこなわれた場所だとわかる」と文化財課。そうなのだ。引間城は一五〇〇年頃に飯尾氏という豪族がきて約七〇年間根拠とした。秀吉少年がきたのは一五五〇年頃。一五七〇年には家康がやってきてここにいた。飯尾家や家康は宴会をする。いま出てきているのはその時使った土器だろう。あるいは出陣式かもしれない。家康が信玄に大敗した三方ヶ原合戦の時は、最低一万人がこの城から出陣した。出陣式では土器を地面に叩《たた》きつけて割る。同じ形式の土器が二〇〜三〇センチ間隔で、同じ生活面で出土しているのも見たから案外その可能性もある。土塁も確認できた。

ぜひ第二次発掘もやりたいと思い、発掘現場から歩いて、地元町会長に挨拶にいったら「ホンダ創業者の本田宗一郎さんも東京に行く前ここに住んでいました。旧浜松城内。引間城前、今の市役所玄関前の駐車場です。オレは引っ越しすると新しい発想がわくんだ、といってました」という。つくづく浜松城は出世城だと思った。

日の目を見た「家康の堀」

近年になって、戦国時代に徳川家康たちが必死で掘ったと思われる堀が、浜松城でみつかった。重要な発見だ。

日本中に城があるが、県庁所在地や政令市の中心にある城は、大概、江戸時代のものだ。戦国の戦いをしのばせる「本物」は少ない。家康の居城も岡崎城→浜松城→駿府城→江戸城となるが、今の駿府城は家康が天下を取ってからのもので平和な時代の「近世城郭」。戦国期に家康がみていた風景に近いのは岡崎城内に残る「清海堀《せいかいぼり》」ぐらいだろう。

その岡崎城とて、現存遺構のほとんどは後世の殿様が改修した姿。大坂城もそうだ。いま我々がみているのはメイド・イン徳川の大坂城で、豊臣秀吉が築き、秀頼が敗死した豊臣大坂城は地下に埋まっている。

浜松城も同じで、一五七〇年から八六年までの家康の居城には違いないが、「家康の浜松城」は次に来城した秀吉の部将堀尾吉晴《ほりおよしはる》が築いた石垣の下などに埋まり、実は、誰もみたことがなかった。私も浜松市が浜松城を発掘していると聞くと、現場に急行し「家康時代の浜松城の堀とか出るといいですねえ」と、調査員の方につぶやき、地面をにらんでいた。

そして、ついに、それが出た。浜松城天守の南東約一〇〇メートル、市役所の西隣で、急激に土を掘り込んだ跡がみつかった。知らせをうけ、慌てて駆けつけた。私は慶応大学考古学研究会OB。発掘現場に来ると心が躍る。

そこには、素晴らしい発掘断面があり、私は息をのんだ。深さ三メートル、幅一一メートルの堀。固い粘土層を執念で掘り下げている。堀を埋めた堆積物《たいせき》のなかから灰釉《かいゆう》をかけた瀬戸・美濃系の陶器の小皿がみつかった。端が反っている。この小皿の年代が大切だ。

考古学では型式編年といって、発掘遺物の形で大体年代がわかる。近年では、愛知学院大の藤沢良祐《ふじさわりょうすけ》教授や愛知県埋蔵文化財センターの鈴木正貴氏の研究があり、瀬戸・

美濃陶器は、出土したものの形をみれば±一〇年から二〇年ぐらいで西暦年代が大体割り出せる。この陶器が大窯で焼かれた一五〇〇年～一六〇〇年は四段階に分類され、正確に年代がわかる。

「今回みつかった小皿は瀬戸・美濃大窯三～四段階」（浜松市文化財課・鈴木一有氏）という。鈴木正貴氏の「瀬戸美濃窯産陶器の時期別組成変遷の概念図」に照らせば、小皿の年代は一五九〇年前後となろうか。この小皿を含む地層の下からみつかった堀だから、家康時代のものであるのは間違いなさそうだ。

興味深かったのは、発掘された家康の堀は両端に全く石垣がないこと。松平忠明《まつだいらただあき》（一五八三～一六四四年）の『当代記』は、元亀《げんき》元（一五七〇）年六月に家康が浜松城の東隣の丘＝引間城に引っ越し「本城（浜松城）の普請をした。惣廻《そうまわ》りは石垣、長屋をたてられた」と記している。ところが、石垣の痕跡は一切なかった。

今回、発掘された堀跡はとりあえず埋め戻される。浜松城は江戸時代の姿に近づけて復元整備が進んでいるので「家康の堀をみせると観光客が混乱する」との意見もあり、この堀は埋められたまま、今後、一般観光客の目にふれることは永久にないかもしれない。

ただ、このごろは城の景観展示も進歩し「城の発展の過程をみせる」工夫も増えてきた。岡山城は江戸期に地下に埋められた宇喜多秀家《うきたひでいえ》時代の石垣の一部をみせる簡易設備を作った。大坂城では「豊臣石垣公開プロジェクト」が進んでいる。

浜松城公園整備の専門委員長は、私の尊敬する戦国史の大家・小和田哲男《おわだてつお》先生。「家康の堀。〝見える化〟できませんかね」と相談してみようか、と思っている。

三方ヶ原の戦いの真相

徳川家康は三方ヶ原（浜松市）の戦い（一五七二年）で武田信玄に大敗した。ところが死ななかった。うまく浜松城に逃げ込んだ。信玄も浜松城を包囲して家康を討ち取ろうとはしなかった。なぜだ。日本史を決定づけた出来事なのに謎が多すぎる。私は、この合戦の史料を徹底して閲覧することにした。江戸幕府の紅葉山《もみじやま》文庫にあった秘蔵文書が国立公文書館で読める。『朝野旧聞裒藁《ちょうやきゅうぶんほうこう》』など未解読の古文書を数千ページ読んだ結果、わかってきたことを少し書いておく。

家康が無傷で浜松城に逃げ込めたのは忠義の三河武士が盾になって護ったせいもあるが、それだけではない。

通説では、この合戦は、武田信玄軍二万〜三万人、徳川家康軍八〇〇〇人。徳川軍には別に織田信長の援軍三〇〇〇人がいたとされる。江戸初期の『当代記』は「信玄人数二万、浜松衆（徳川軍）八千」とし、同じく江戸初期の『三河物語』は「敵の人数を見奉るに三万余（中略）御味方はわずか八千」とする。

問題は信長からの援軍の人数三〇〇〇である。これは一六八五年頃成立の『織田軍記』の記述「都合三千の人数を遣わされ」を根拠にしている。実は、これが怪しい。複数の史料に照らすと、どうみてもこれは過小な数字で織田の援軍はもっと多かった可能性が高い。

秘蔵文書の一つ、「前橋酒井家旧蔵聞書」は最古参の徳川重臣酒井家で作成された記録で、成立年代は不明だが、非常に詳しい両軍兵力の記述がある。信玄軍二万八〇〇〇人、徳川軍六〇〇〇人、織田の援軍二万人としている。しかも織田援軍の詳細な配備状況まで書いてある。初めは信じなかったが、武田側の史料『甲陽軍鑑《こうようぐんかん》』にも織田援軍二万人説を裏付ける記述があるのをみつけて考えを改めた。

『甲陽軍鑑』には「信長加勢を九頭まで仕《つかまつ》る」「岡崎中・吉田・しらすかまで取りつづけて信長被官ども居る」との記述がある。「頭」は軍団の単位。「前橋酒井家旧蔵聞書」には、織田の援軍は「一頭に二千百ヅッ」とあり、九頭は約二万人だ。家康は信長から二万人に及ぶ援軍をうけていたことになる。しかし、その二万の援軍は全部が浜松城や三方ヶ原にいたわけではなく、岡崎城（愛知県岡崎市）～吉田城（同県豊橋市）～白須賀（静岡県湖西《こさい》市）にかけて分散配備されていた。

通説で劣勢を覚悟して出陣したとされるが、おそらく、家康は無謀でなかった。三方ヶ原の信玄軍に攻撃をしかける時も、闇にまぎれて逃げられる時間帯をねらい、二万に及ぶ織田の援軍の軍事力を背景にしていた。たとえ負けても、浜松城以西には織田の援軍がびっしりいるから、そこへ逃げ込めば、信玄は容易に手が出せない状況にあった。

それで信玄の家臣は浜松城包囲戦に反対した。「家康と合戦をとげ、勝利を得たが、敵が大軍で、くたびれた味方へ、かかってきたら、疑いなく信玄は後れをとる」「浜松と美濃岐阜の間に信長勢が打ち続き陣取っているのは必定。いま浜松を攻めても（落城させるのに）早くて二十日かかる。その間に、信長の後詰《ごづめ》（援軍五万～八万）がきてしまう」。『甲陽軍鑑』にそう記録されている。

三方ヶ原の戦いは「神君」家康が大敗した合戦である。徳川の世になると、家康が十分な援軍をうけながら信玄に負けた事実が隠ぺいされたのかもしれない。敵の武田軍は多く、味方の織田援軍は少なく書かれた可能性がある。それが証拠に、三方ヶ原の信玄軍の数は後世の記録ほど多くなる。江戸中期の『四戦紀聞《しせんきぶん》』では四万人。江戸後期の『改正三河後風土記』ではなんと四万三〇〇〇人になる。

権力の都合で情報は操作される。ゆえに国家機密の保護は必ず後日の情報公開とセットでやらないと、検証が不可能になり、国を誤る。

天下人、敗走中の気配り

徳川家康が天下を獲れたのは、三方ヶ原の戦いで死なずに逃げ延びたことによる。前項で書けなかった家康の敗走の詳細について述べたい。徳川将軍の紅葉山文庫の古文書や、昌平坂《しょうへいざか》学問所で編纂された徳川家康史料集『朝野旧聞裒藁』を解読してみた。

浜松では三方ヶ原を「みかたっぱら」という。大久保彦左衛門が「家康、浜松より三里（一二キロ）に及び打ち出で」と『三河物語』で回想しているから戦場は浜松城から一二キロ離れた「みかたっぱら」の何処《どこ》かだろう。たぶんその北端に近いあたりだ。ここで家康は負け、浜松城に逃げ帰った。

伝説が残されている。この時、「家康は途中腹が減り、茶屋の老婆から小豆餅を買いむさぼり喰った。ところが敵が迫り、家康は銭を払わず逃げた。老婆は懸命に追いかけ、家康から銭を取った」という話だ。家康が餅を食べた所が「小豆餅」。銭を取られた所が「銭取《ぜにとり》」。後世、地名になった。現在、小豆餅は町名になっているが、銭取はさすがに町名にはならなかった。ただバス停「銭取」はある。ここでバスを降りると車内アナウンスに「銭取。銭取」と連呼され、借金取りか泥棒にでもなった気分が味わえる。家康の小豆餅は今もそこで売られていて美味いのだが、敗走中に家康が餅を買うだろうか。

現実の家康の敗走は古文書によれば、こうだった。家康は旗下の小姓衆（親衛隊）を信玄軍に討たせまいと、撤退を決意。最初は家臣一同が「まん丸になって退いた」（『三河物語』）。ところが小姓衆は乱戦で「馬に離れて徒歩《かち》立ち」が多く、家康は「御旗本漸々《ようよう》六七十騎」となった。家康の部将、榊原康政《さかきばらやすまさ》とも離ればなれになり、「上様は西の山陰を退かせられ」と目立たぬ道を少人数で逃げた（「榊原家伝」）。

家康の逃げ足は速かった。「士談会稿《しだんかいこう》」は江戸中期の史料だが古いネタ元があったのか、大久保彦左衛門の詳しい当事者証言を載せている。「合戦後、暮れて小雨が降り、（家康公は）秘蔵の鬼芦毛《おにあしげ》の逸物の馬で『中地《なかじ》みち』をシタシタと浜松へ乗り出した」。彦左衛門は「あまりに（家康公の）御馬の足なみが速く、拙者の息も切れそうになった……浜松城の冠貫門《かんぬき》に乗り込んだ時は拙者も三、四町（三〇〇～四〇〇メートル以上）おくれていた」。

このときの家康のいでたちは「鎧は朱色なり。敵兵、目を注ぐ」。それで家臣の松平（松井）忠次《ただつぐ》の目立たぬ鎧と取り換え闇のなかを逃げたという（「大三川志《だいみかわし》」）。浜松城の玄黙口《げんもく》にたどり着いたが、お供はわずか七人（「寛元聞書《かんげんききがき》」）。家康たちが「門を開けよ」と言ったが、門番は怪しみ二度三度確認しても開けない。しまいには門番が「そんな小勢で殿（家康）が御帰りになるはずがない」と言い出す始末。「殿様のお供の畔柳《くろやなぎ》助九郎が帰ってきた」と言ったら、門のくぐり戸がようやく開き、家康は「廿間《にじゅっけん》（約三六メートル）ほど馬で引き返し馬上のまま、ようやく入城できた」（「畔柳家記」）。

疲れて帰城した家康はなかなか城に入れてもらえず内心腹が立ったろうが、そこは家康。自分を入城させなかった門番の用心深さをたたえ、竹流し（銀の延べ棒）を褒美に与えた。また家康は暗闇を敗走中、左右のお供の刀に痰唾《たんつば》を吐き続けた。後日それを証拠に自分の馬脇についてきた者を見分け、賞した（『三河之物語』）。

そら恐ろしいことに、天下人になるような人間は、生死の境まで追い詰められた時でも、そんな気配りができた。

「鰹のたたき」家康も舌鼓

浜松には結局、四年住んだ。そして、東京にも京都にもない美味いものをみつけた。「もちかつお」といって、まるで鰹《かつお》が生きて海を泳いでいる時のような肉質の刺し身で、モチモチした食感がたまらない。なぜか身に死後硬直が起こりにくく、やわらかく、くさみは微塵《みじん》もない。その刺し身は極上絶品の味である。

漁師が漁に出て、運よく朝から鰹の大群にぶつかる。釣ったらその場で鰹の後頭部を甲板の角に叩きつけてしめる。冷やしすぎると、身が硬直するから、二℃以下の海水に浸し、一匹ずつスポンジで丁寧に包む。全速力で船を飛ばして舞阪《まいさか》漁港に向かい、昼下がりのセリに間に合わせ、高値で売り飛ばす。

浜松の料理屋がこれを買う。鰹の尾びれを触った感触などで「もち」を見分けて仕入れ、一目散に店に戻り、店頭にこう貼り紙を出す。「本日。もちかつお。あります」。浜松人はこれをみると目の色を変えて、店に飛び込み、「もちをくれ」と叫び、この鰹の「活造《いけづく》り」をせしめると、辛口の酒を盃《さかずき》に注いで、グビリグビリとやるのである。

ただ、このもち鰹は、夜九時までが限界で深夜にかかると魔法が解けたように、ふつうの鰹の食感に戻ってしまう。もち鰹は夕鰹ともいい、深夜になってもまだ「もち」を客に売り込むような料理人は浜松では素人として馬鹿にされる。そういうわけで、もち鰹は東京までは運べない。浜松など産地へ行かないと食べられない幻の味である。

初夏の風物詩だから、私も食べるのだが、その年ばかりは、どうしたことか、もち鰹の貼り紙が出なかった。もち鰹で有名な居酒屋「じねん」や料亭「桝形《ますがた》」にきいてみると、眉をひそめ「今年は鰹が数十年ぶりの不漁。二、三日しか貼り紙が出せなかった」という。さびしくなったところで、居酒屋じねんの秋元社長が「浜松にいた徳川家康は鰹を食べたんですかね」ときいてきた。

実は、家康は「鰹のたたき」が好物。本能寺の変（一五八二年）がきっかけだ。その際、家康は堺から伊賀を越え、伊勢の浜から船に乗って岡崎に逃げ帰った。船に乗り込んだところで安心して腹が減ったらしい。「飯を出せ。菜（副食）はないか」といった。

だが何もない。船乗りが米、麦、粟《あわ》を混ぜ炊きにし、巻き貝の塩辛と一緒に出したら、家康は「うまい」といい、飯を三杯平らげた。

「武辺雑談《ぶへんざつだん》」にある話だが、船主の角屋《かどや》七郎次郎家が幕府に提出した「貞享書上」の記述は異なる。こっちでは家康が食べたのは「鰹のたたき」。史料の質からみて、こちらのほうが、それらしい。

もっとも、この時代の「鰹のたたき」は鰹の塩辛を意味した。一七八七年成立の『譬喩尽《たとえづくし》』にも「鰹の叩《たたき》。相州《そうしゅう》（神奈川県）の名物。塩辛也」とある。家康が食べたのは鰹の内臓の塩辛だろう。家康はよほど鰹が気に入ったらしい。「お気に入りの鰹のたたきを（角屋が）その後、たびたび差し上げたところ、御機嫌よく、鰹のたたきで御膳を召しあがった」。角屋は家康側近が代筆したお礼状を今でも持っていると「貞享書上」に記す。

鰹で家康に取り入ったのがよかったのか。角屋はその後、家康の手厚い保護のもと国際貿易を大々的に展開した。鰹を家康に食べさせた七郎次郎の孫は、なんとベトナムまで行って、現地の王族グエン氏の娘を妻にしている。ところが、この孫は「鎖国令」で帰国できなくなった。ベトナムから本国に「日本食材を送って」と依頼しているが、真っ先に頼んでいるのは酒と鰹節だ（『角屋関係文書集』）。家康の愛した遠州灘《えんしゅうなだ》の鰹の「もち」で一杯やりたい。

真田の首に語りかけた言葉

二〇一六年のNHKの大河ドラマは「真田丸」であった。主演の堺雅人さんとは、私が原作の映画「武士の家計簿」で主演してもらって以来、親しくさせていただいている。早速、みた。三谷幸喜さんの脚本だけに面白い。なにより堺さんの殺陣《たて》がいい。山岳ゲリラ戦で生き延びる真田らしい忍者みたいな殺陣。動きで真田の策謀家ぶりを見事にほのめかしている。殺陣師と相当に工夫したに違いない。

真田といえば、私はまた新しい史料を見つけた。真田丸の主人公・真田信繁《のぶしげ》（幸村《ゆきむら》）は最後には、大坂夏の陣で討ち取られ生首となって徳川家康と対面した。そのとき、家康が信繁の首にむかって何といったか、それを書いた史料を発見してしまったのである。

信繁の首実検は、一六一五年五月八日朝辰《たつ》の刻（午前八時頃）から大坂城の南、茶臼《ちゃうす》山《やま》の家康本陣で行われた。通説の基となっている『武徳編年集成』によれば、そこには二代将軍秀忠がよばれており、のちの紀伊・尾張徳川家当主、それに藤堂高虎《とうどうたかとら》・本多正《まさ》信《のぶ》・成瀬正成《なるせまさなり》がひかえていた。

真田の首が出ると、家康は討ち取った西尾久作《きゅうさく》にその場の様子を尋ねた。西尾が「真田は烈《はげ》しく働き（抵抗し）、臣も手傷を負い、ようやく突き伏せて、首を得ました」というと、家康は「真田は早朝から三軍を指揮し数回戦って（疲れて）いる。最期に、どうやったら、お前がいうように抵抗できるのか」と、不機嫌に疑いの言葉をなげかけた。

他にも史料はある。『武功雑記』には、こうある。「五月八日朝、源君（家康）は『もはや、首はもって参るな。むさいから』といいながら、真田らの首をご覧になり、『真田の首に疵《きず》がある』と聞き、『疵は新しいか、古いか』と尋ねた」。家康にとっての関心事は真田の首の真贋《しんがん》だけであった。「真武内伝付録《しんぶないでん》」によれば、真田には影武者がいた。穴山小助《こすけ》・望月宇右衛門などである。

家康は真田が本当に死んだか、どうしても確かめねばならなかった。そこで徳川方についていた信繁のおじ真田隠岐守《おきのかみ》を呼び、首にある古疵《ふるきず》について尋ねた。ところが隠岐守は「しかと覚えがござらぬ」と答えた。家康はあせり「去冬、お前は二度までも信繁の元に使して対面したと報告したではないか。この疵に覚えがないというのは矛盾するぞ」と咎《とが》めた。隠岐守も「二度夜陰にまぎれて行って対話したが、あいつも用心して遥か遠くに座っていたゆえ、顔に疵があったか見届けていない」と陳謝した（『武徳編年集成』）。

ここまでは歴史通ならば知った話だ。今回、私は国立公文書館で徳川譜代大名の井伊《いい》家の記録「花筵記《かえんき》」という史料をみていて、この記述をみつけた。「真田左衛門佐《さえもんのすけ》の験《しるし》を家康公が実検にそなえられたところ、お床几《しょうぎ》（イス）をおはずしなされ、『そのほう、たびたび、お敵いたさるところ、不慮に、ご対面ならるとの御意なり』」。家康は真田の首に丁重に対した。そのほう、と、呼びかけだけは上からの物言いだが、席を立ち、「君はたびたび敵対されたが、このように不慮なことでご対面となられましたな」と丁寧に語りかけている。家康は信繁の首と信じていたらしい。私に出会うまで、この家康発言は、ずっと書庫のなかで眠っていたようだ。

ちなみに家康は大坂城を落としてから一か月近く城内をくまなく捜索させ、倉庫の焼け跡から「精金一万八千枚、白銀二万四千枚」を発見、回収している。夢のない話で申し訳ないが、たぶん今の大坂城に埋蔵金は残っていない。

豊臣の金銀の行方

豊臣秀吉は莫大な金銀を蓄えていたが、豊臣滅亡時、その金銀はどうなったのか。私の司会番組「英雄たちの選択」（BSプレミアム）で藤堂高虎のことを調べるうち様々な史料に行き当たった。藤堂は伊勢・伊賀（三重県）の大名。徳川家康の天下取りの謀略を支えた。豊臣を滅ぼした時、家康は藤堂の手を取り頭上に頂き「関ヶ原から当表《おもて》（大坂夏の陣）まで藤堂の心入れのおかげだ。これで太平だ。言葉もない」（『忠勤録』）と手ずから酌をした。

そうであろう。藤堂は豊臣大坂城攻めに先鋒《せんぽう》として参戦。伊賀から五〇人もの忍《しのび》の者を連れて敵の動きを知らせた（『高山公実録《こうざんこうじつろく》』十八）。同じく先鋒の井伊直孝は「忍ノ者三十人、十組にして大坂に付」けたが、忍者の人数では藤堂の方が多かった（『増補難波《なにわ》戦記』)。大坂の陣での家康の諜報《ちょうほう》網の秘密を明かせば、これら藤堂と井伊の忍者は野外偵察が中心。大坂城内の軍議の決定事項は別ルートから入手していた。

京都所司代の板倉勝重《かつしげ》が朝比奈兵右衛門という家来を浪人に偽装して潜入させ、すでに徳川方に内通している秀頼の船奉行・樋口淡路守《あわじのかみ》の元に付け、大坂城内の極秘情報を送らせていた(『落穂集《おちぼしゅう》』十三)。そのため家康側は事前に大坂方の作戦計画を記した秀頼の軍勢手配書も入手しており、自分の本陣に真田信繁が攻めてくることも察知していた(『高山公実録』二十七)。この情報を得た時、家康は「いくさに、はや勝ったり」と叫んだ(『武徳編年集成』)。

この時点で、家康にとっての問題は落城時に大坂城内にいる孫娘・千姫《せんひめ》の身柄と豊臣家の莫大な金銀を、どう確保するかにうつった。そこで家康は先鋒の藤堂と井伊に、こう命じた。

「大坂落城の焼け跡の(豊臣家の)千枚分銅は上様(徳川将軍家)に召し上げる。そのほか焼け跡の金銀が(溶けて)湯になっている。この金銀を藤堂と井伊にやる。有り次第取ってこい」(「西島留書」)

「宝蔵の焼け跡に金銀が多くある。井伊と藤堂にやるから勝手次第に掘って取れ」(『先鋒録』)。

金の大判千枚で作られたのが千枚分銅金。

ところが、豊臣埋蔵金を狙っていたのは家康だけではなかった。当時、小倉城主の細川忠興《ただおき》の軍も狙っていたらしい。藤堂家は五月八日は徹夜で「埋まり物を掘りに出ていた」が、未《ひつじ》の刻(午後二時)に、細川の手の者と奪い合いになり、戦闘が発生。多数の死者が出た(同)。埋蔵金をめぐる人間の欲望は恐ろしいものである。

井伊と藤堂は仲良く掘っていたらしい。藤堂は外様大名で徳川家の信頼を得るため万事に遠慮がちであった。藤堂が「あなたも私も、こたび先手(名誉の先鋒)のご奉公をした。それは天下の人々が見聞きしている。こんな灰ほじりは要らざることと存ずる」と言い、井伊も「もっとも」と同意していた(同)。

こうした豊臣埋蔵金の捜索で家康は秀吉が遺した分銅金を手中にした。そして家康は藤堂には金と銀の分銅を一個ずつ分与した。藤堂がこの分銅金銀二個を江戸に運んだ時の逸話がある。「金は八人。銀は四人にして、これを荷《にな》ふ」(『言行録』)。金の二千枚分銅は重さが約三三〇キログラム。千枚分銅金はその半分。品川宿まで運んだ時、藤堂は宿場の力自慢の男に「この分銅、担げたらやる」と冗談を言った。すると本当に担いでしまった。藤堂は内心慌てたが「二つ担げ。一つは誰でも担げる」と、とっさに返した、という話が伝わっている。オチは、いささかケチくさい。

水戸は「敗者復活」藩

水戸の町に住んだことがある。八年だから長い。

一体、水戸の町は古文書のたぐいが面白い。黄門さま以来、水戸は歴史に執念を燃やした藩で、色々と史料があつまっている。それ読みたさに茨城大学助教授というものになって八年間水戸にいた。

その時、発見したのだが、水戸藩には、かつて織田信長や徳川家康に敵対した「まずい武将」の子孫が山ほど召し抱えられている。家康に刃向えば、徳川政権下ではワケあり子孫になる。そんな「経歴に少々傷のある名門」の子孫が流浪の末、吹きだまりのように水戸城下に溜っていた。

先日、大坂の陣で家康に徹底抗戦した武将・木村重成《しげなり》の史料をみつけた。小山田保繁《おやまだやすしげ》著「重成一代記」という江戸期の実録物。東京・神田の古書店から出てきた。木村は当時随一の美貌で知られた青年武将だが、徳川の敵として滅んだから情報が少ない。実録小説の類でも貴重である。発見した史料に「木村重成が子孫は、ゆえあって常州水戸黄門公に召しだされ……木村長次郎といへる」とあった。

ただ、どうも怪しい。木村重成の子孫が本当に水戸藩士になっていたのか、水戸に行ったら講座の合間に、水戸藩士の系図集「水府系纂《すいふけいさん》」で確認せねば、と思った。「水府系纂」は茨城県立歴史館で閲覧できる。これは現地に行かないと読めないが、「水府系纂抜書」（松蘿館《しょうらかん》文庫）なら同県立図書館のサイトで閲覧できる。

京都の自宅でまずはそれを読むことにしたら、ワケありな子孫たちが、いっぱい出てきた。まずは織田徳川連合軍に姉川《あねがわ》の戦いで負けて滅んだ戦国大名・朝倉義景《よしかげ》の一族。朝倉家滅亡後、「今川義元に属す」。今川家が滅ぶと、北条家に属し、またこの北条が滅亡して「浪人となり」、水戸藩士に組み込まれたという。朝倉滅亡時、今川もすでに滅亡。史実に反する記述だが、流浪は本当だろう。

家康は水戸藩を成立させるにあたり武田・北条・今川など、かつて敵対し滅亡した戦国大名の家臣も採用した。それで水戸藩はさながら「敗者復活」藩となった。

なにしろ水戸藩には家康最愛の重臣・鳥居元忠を討ち取った雑賀孫市《さいかまごいち》こと鈴木重朝《しげとも》までいた。重朝は関ヶ原合戦以後、東北に逃げ、伊達政宗に保護される。政宗は「鈴木重朝がこの政宗を頼って今、奥州にいる。許してもらえれば」と家康に宥免《ゆうめん》を嘆願。だが家康は「鳥居元忠を討ったる仇敵《きゅうてき》なれば、重朝が首を斬らざれば鬱憤《うっぷん》やまず」と拒絶。政宗も「一命に替て望奉る」と粘る。結局、家康も「重朝が一命をばたすけ玉ふべし」と約束。重朝を召し抱え、自分の末子・水戸藩主の頼房《よりふさ》に付けた。家康は大きい。敵対者でも戦闘力があれば採用し、自軍の戦力を強化したのである。

このように、水戸藩士の系図集は歴史の宝庫である。「水府系纂抜書」で嬉しかったのは、長年、気になっていた家康の乳母の死の秘密が解けたことだ。家康は数え三歳で実母と離別。乳母が育てた。家康は六歳で疱瘡《ほうそう》にかかり死線をさまよった。そのとき乳母が「神に誓て（家康の）御命に替ん事を祈る」。幼い家康の疱瘡が平癒した日、乳母は死んだとされる。これが自害か、看病疲れの過労死か、知りたかったが、この史料には「神約を守て遂に自殺す」とはっきり記されていた。

家康はこういう育ちだ。幼時から自分のために死んだ家来が山ほど。彼らを想い天下を獲らざるを得なかったのかもしれない。

「家康くん」の天下獲り

浜松にきて徳川家康の研究をしていたら、浜松市役所から電話。「家康くんを磯田先生の研究室に表敬訪問させます」という。本物の家康公は約四〇〇年前に死んでいる。市役所がよこすのは「出世大名家康くん」というゆるキャラ。くまモン・ひこにゃんと同類の、着ぐるみの地域振興マスコットだ。

「中の人」をみてみたい。そんな、いたずら心から訪問を承知した。ゆるキャラは貸出制が多いが、誰が着るかは極秘事項。子ども相手なので、身長一五〇センチ以下が望ましい。奈良県のせんとくんは「身長制限一五〇～一五七センチくらいの女性限定。ベスト身長は一五二センチです」と着用した女性のブログにあった。

家康くんが来た。なんでも、「ゆるキャラグランプリ」というネットでの人気投票に出ていて、どうしてもトップになりたいらしい。一位になったくまモン・ひこにゃんクラスになると、控室も専用とか。たしかに、汗だくになった女性が大部屋で着替えるのはかわいそうだ。とはいえ、家康くんの「中の人」が女性かはわからない。

家康くんは無言で立ち、かたわらの男性が力説する。「十月三日の今日現在一位ですが組織票だと批判され、二位の栃木県佐野市のさのまる、三位の群馬県のぐんまちゃんの追い上げがきつくて」。浜松市は町中にのぼり旗を立て市民や企業に投票をよびかけた。それで組織票批判がきたという。私は笑い転げた。「家康らしくて、いいじゃないですか、だって家康は組織力で天下を獲ったんだもの」。家康くんが、着ぐるみのまま無言でうなずいたのが可愛かった。

浜松市が家康「公」を家康「くん」と呼ぶのは、けしからん、との意見もあったという。これも興味深かった。浜松市と静岡市では家康への親しみの中味が微妙に違う。静岡は天下人となった大御所家康への畏敬《いけい》。浜松は同級生的親愛だ。浜松にいた頃の家康は弱小大名。浜松人が、弱くて若い家康をみんなで武田信玄から守った感覚で、面白いものだと思った。

それにしても、ゆるキャラの人気はすごい。静岡文化芸術大学のキャンパスにでると、女子学生が叫び、盛んに写真をとる。日本人は本当に着ぐるみが好きだ。かぶり物が、地域統合に使われる伝統は縄文時代以来、日本列島に脈々とあった。五〇〇〇年以上前から貝に穴をあけた面があり、徳島・矢野遺跡からは縄文時代（四〇〇〇年前）の土面が出土している。岡山・上原《かんばら》遺跡からは弥生時代（二五〇〇年前）の全頭ヘルメット型の着ぐるみ頭部が出土。「とさか」らしきものがついているから、当時のシャーマンの着ぐるみはニワトリであった可能性がある。

奈良の唐古《からこ》・鍵、清水風《しみずかぜ》の両遺跡から出た絵画土器には、シャーマンが鳥の着ぐるみを着ている姿が描かれているとされる。両遺跡は、当時の人口集中地で邪馬台国の宮都と目される纏向遺跡に近い。纏向遺跡からも木製の仮面が出ている。この仮面は縄文時代のものとは違い、目がアーモンド形。卑弥呼も木の仮面や鳥の着ぐるみを着たのかもしれない。

奈良時代には伎楽《ぎがく》面があり、中世には、能が面《おもて》をつかう。江戸時代になると、タコの着ぐるみをきた男が町を闊歩《かっぽ》する広重《ひろしげ》の浮世絵まで残っている。狂言では、代表的演目の「釣狐《つりぎつね》」も「靭猿《うつぼざる》」もぬいぐるみの演劇だ。歌舞伎「先代萩《せんだいはぎ》」では、仁木弾正《にっきだんじょう》がぬいぐるみの大ネズミに化けた。着ぐるみキャラに狂奔する列島の姿は、今にはじまったことではないらしい。

最後に、家康くんは他言しないことを条件に着ぐるみを脱いでくれた。「中の人」が可愛い女の人であったか、おじさんであったか、どうかは、秘密にしておく。結局、家康くんはゆるキャラグランプリでグランプリになった。町おこしの顔になるという。日本人は弥生時代から、着ぐるみを地域集団が利用する文化をひきずっている。

第3章

戦国女性の素顔

家康の離婚伝説

徳川家康には果たして「離婚歴」があったのか。

家康の最初の正室は築山《つきやま》殿である。家康が静岡の戦国大名今川義元の人質になっていた時の政略結婚であり、これが初婚となっている。築山殿は義元の姪《めい》で、父は今川一族の関口刑部少輔《ぎょうぶしょうゆう》とされ、家康が織田信長と同盟を結んでからは今川系の女としてうとまれ、岡崎城外の築山御殿に軟禁され、最後は家康の命で殺害された。これが通説である。

しかし、築山殿には謎が多い。「井伊直平《なおひら》公御一代記」という史料では築山殿は今川一族の娘ではない。家康の父と浜名湖北岸の豪族・井伊直平が懇意で二人が相談。「直平の孫娘で年十三に成るのを（直平の）娘分にし、駿府へ遣《つかわ》し、（さらに）義元公の娘分にして婚礼をあげた」という。のちに井伊家が最大の譜代大名彦根藩三五万石になったのはこれが関係するという人もいる。ただこの史料は江戸末期の写本しかなく記述もしばしば怪しい。第一、家康の父は家康が幼い頃に死んでいる。本当に井伊と家康の結婚の相談をしたのか。真偽不明の史料だが、無視もできない。

ともかくも、家康は義元の計らいで十五歳で元服、築山殿と結婚した。それは確かだ。家康元服時の鎧が静岡浅間神社に現存するが、美しい当時の第一級品といってよい。今川家は家康を下にもおかぬよう丁重に処遇していたことがわかる。今川が家康にあてがった築山殿は「形よき」美女であったとの史料があるが、私は神社でこの鎧をみせてもらい、真実そうかもしれぬ、と感じた。家康は今川の人質になって、苦難の道を歩んだとされるが、まことには大層、今川家で大事にされていた。家柄も容姿もそろった、人もうらやむ今川一族の女を妻にあてがわれたとみたほうがよい。

しかし、この結婚は織田信長が桶狭間の戦いで、今川義元を討ち取ると、一変してしまった。家康は人質になっていた駿府に帰らず、故郷・岡崎城に入り、松平（徳川）家独立運動をはじめた。その時、築山殿は娘を生んだばかり。息子の信康と親子三人で人質として駿府の今川の元に放置された。家康は冷徹。妻子に構わず、今川の敵・織田信長に、どんどん接近していった。当然、築山殿たちの命は危なくなった。

みかねた家臣が一計を案じた。甲賀忍者を呼び寄せ、今川の親類の城を急襲。今川の親類の二人の子どもを生け捕りにして今川義元のあとつぎ、今川氏真《うじざね》に人質交換を迫った。築山殿の父・関口も孫は可愛い。この人質解放交渉に口添えした。「子を返してやれば家康は恩を感じて今川方に戻る」といったらしい。氏真はこれを信じ、家康の二子を解放。ところが、家康は人質を返還され、ますます織田方についた。氏真は激怒。築山殿の父に切腹を命じた。

問題は、このあとである。築山殿も、岡崎城の家康の元に戻ってきたが、夫婦仲は微妙になった。家康にすれば、今川一族の女＝築山殿と睦《むつ》まじくすれば、信長との同盟関係にまずい。築山殿にすれば、家康のせいで父は殺され、自分も子どもも一時は見捨てられた恨みがある。

そこで私が悩む史料がある。『武功雑記』と「別本当代記」だ。そこには、家康は築山殿を岡崎に軟禁したのではなく離別したと記されている。なかでも「別本当代記」の記述は詳細。築山殿が岡崎を出る時、子ども二人は近くの鳳来寺《ほうらいじ》に花見にだされた。その留守中、築山殿は岡崎を出された。その後、築山殿は伊勢→京都清水寺→越前朝倉家と流浪。成人した息子の信康が岡崎に呼び返すまで、築山殿は再婚と離婚を繰り返す「浪人」となっていたという。

伝説かもしれぬが、私はこれは面白いと思った。築山殿の史伝でも書いてみたいと思い、調べはじめた。すると大阪府立中之島図書館で築山殿に関する古典籍がみつかった。その話を次にする。

「築山殿」の元の名は

「神君」家康は正室の築山殿を殺害させた。国立公文書館で徳川将軍家の旧蔵書（内閣文庫）をあさり、築山殿の関係史料をさがしてみたが新史料は出てこない。権力に都合の悪い史料は抹殺されるのか。困ったものだ。私は腕を組んで考えた。「将軍様のお膝《ひざ》元《もと》＝東京で探すからいけないのだ。徳川権力から自由な関西の図書館をあたろう」。

この方針転換は大当たり。大阪府立中之島図書館で「今川家瀬名《せな》家記」という謎の史料があるのをみつけた。新幹線で大阪に駆けつけると、館員さんが「『武士の家計簿』の磯田先生じゃないですか」と笑いながらその史料を出してくれた。全部で六巻。明治以後の写しで、昭和十一（一九三六）年の受入登録印が押してあったが、文体は間違いなく古い時代のものであった。

解読を始めて二度驚いた。それは、築山殿の実家関口家（のち瀬名と改姓）の記録であった。さらに、その五巻目をみて、全身の毛が逆立った。「当家略伝」と書かれている。「この一冊は系図の付録として一子源太郎に秘伝させる（以下略）」「瀬名源五郎貞《さだ》雄《お》」とあった。これは瀬名貞雄の著作ではないか。

瀬名は江戸後期の旗本きっての、しきたりの専門家。狂歌で知られる蜀山人こと大田南畝にも教えている。その記録が『瀬田問答《らいでん》』。大田は瀬名に聞いた。「公人朝《くにんちょうじゃくにん》夕人とは何をつとめる役職か」。瀬名は即答した。「将軍様が天皇の御所に参り束帯姿でお小便をあそばされる時、小便筒を持つ役目です」。

実は、この瀬名こそが、築山殿の実家が変転した末の江戸中期の当主であり、彼が寛《かん》延《えん》三（一七五〇）年に自家の伝承をまとめた未公刊史料を私はみつけたのだ。築山殿について瀬名は「当家略伝」でこう書く。「築山殿ハ至テ嫉妬深ク、終ニ天正五六年ノ比ヨリ、狂人トナラセ賜ヒテ、種々ノ悪事ヲナシ、後ハ武田勝頼《かつより》（信玄四男）ヲカタラハセラレ（共謀し）、隠謀ノ聞ヘ在ケレバ家康公モ驚怖《きょうふ》シ賜ヒ、詮方《せんかた》ナク（中略）殺害シ賜フ」。

気の毒に、築山殿は実家でも「狂人」にされていた。むろん徳川将軍家をはばかっての記述だ。駿府人質時代に家康が元服した際、理髪（前髪を剃《そ》る）役をつとめたのは築山殿の父であったとも記されていた。

しかし、わからないことも多い。築山殿という名は彼女と家康の仲が微妙になり、岡崎の築山御殿に隔離されてからつけられた一種の蔑称《べっしょう》だ。本来、正室は○○御前と呼ばれる。○○殿は格下の呼び名だ。彼女は正室時代、なんと呼ばれていたのか。長年、疑問だったのだが、大阪から浜松に帰ってきて、近所で酒を呑《の》んでいると、浜松の居酒屋じねんの主人が「先生、ネット上で古文書が売られてます」とパソコンを抱えてきた。画面をみると、古文書の書題の下に「御蔵《みくら》山科蔵」とあって仰天した。これは朝廷の出納役人の御蔵小舎人《こどねり》・山科家の旧蔵書である。こういう出所のよい史料には何かがある。これまでの経験ではそうであった。買わねばならない。その場で入札し、ドキドキしたが落札できた。落札価格三〇〇〇円であった。

現物が送られてきて二度びっくりした。約二〇〇年前のもので徳川歴代将軍の正室側室の伝記。世界に一冊の新出史料だった。読むと「築山殿ハ今川義元養女にて実父ハ同国瀬名郡主関口刑部大輔娘《（マヽ）》也。依《より》て駿河の御前とも云」とあった。築山殿は元来「駿河の御前」とよばれていたのだ。『柳営《りゅうえい》婦女伝系』という史料にも「駿河の御前」との記述がある。

築山殿は岡崎にきた当初は「駿河の御前」とよばれており、家康との関係が悪化し築山御殿に隔離されてから「築山殿」となったのであろう。私は発見に満ちたこうした歴史の現場が好きでやめられない。

美女処刑と信長の死

女の美貌はそれだけで歴史を変える。織田信長の死も、そうだ。信長は天正七（一五七九）年に高貴な美女二人を死なせたのはまずかった。

この頃、信長は東の武田、西の毛利、そして本願寺と死闘中。右大臣をやめ、安土城《あづち》天守閣を現出させ、「おのれこそ生ける神だ。絶対者だ」と叫びはじめていた。信長の命令は過酷になり、徳川家康の美しい元妻・築山殿も、信長と家康の微妙な政治の渦に巻き込まれて斬首された。

それだけではない。築山殿の処刑から四か月ほど、信長の評判を決定的に悪くする出来事がおきた。こともあろうに都の真ん中、六条河原で、絶世の美女とその姉妹ら一族三十余人を衆人環視のもとで処刑したのである。処刑された美女は摂津国（大阪府・兵庫県）の盟主・荒木村重《むらしげ》の妻であった。

村重が謀反をおこし、信長はそれを鎮圧。村重は城から抜け出し、のこされた妻子が捕えられた。「立入宗継記《たてりむねつぐき》」という書物によると、この村重の妻は二十四歳。「城の大手の馬だし曲輪《くるわ》に置かれた妻なので名を『だし殿』といった。一段とびぬけた美人で、異名を『今楊貴妃《ようきひ》』と名付けられるほどであった」とある。

信長は、この絶世の美女を妹二人らもろともに処刑してしまった。京の世論は美女に同情し、信長の残虐を憎むきっかけになった。

私はこの薄幸の美女の評伝でも書いてみたいと思い、調べてみたが謎だらけ。「立入宗継記」には「大坂（本願寺）の川奈部左衛門尉《かわなべさえもんのじょう》という者の娘」とある。室町幕府管《かん》領《れい》・細川晴元《はるもと》の奉行の孫娘らしい。『二条宴乗記《にじょうえんじょうき》』の記述から、どうも父親も親戚が信長に容易に降伏した責任をとらされ、味方である本願寺に自害させられていたと考えられる。

だしは大河ドラマ「軍師官兵衛」では女優桐谷《きりたに》美玲《みれい》さんが演じていたが、私が違和感を覚えたのは、だしがキリシタンで、処刑の時に十字を切って「イエズス・マリア」と唱える演出であったことである。川奈部氏は滋賀県守山《もりやま》市の善立寺《ぜんりゅうじ》付近に本拠があり、れっきとした本願寺の門徒だ。辞世も「磨くべき、心の月の曇らぬは、光と共に、西へこそ行く」という西方浄土への往生を詠じている。どこでキリシタンになったのだろうか。

当時日本にいたイエズス会宣教師フロイス自身が、だしは「異教徒として即座に幾つかの詩句を作って朗吟し」て処刑されたと書いている。「だしと呼ぶ荒木の妻は、天性の美貌と貞淑さの持ち主で、つねに大いなる安らぎを示していた」ともあるから、だしは美貌・教養・人格の三拍子そろった女性であったのだろう。

そんなことを考えているうちリアルな、だしの処刑シーンをみることになった。テレビ番組「水戸黄門」を撮影した井上泰治《やすじ》監督が大阪府池田市で「戦国の勝者」という池田城主・池田勝正《かつまさ》が主人公のモノクロ映画を撮る。そこで、キリシタンではないだしの処刑シーンも撮られるという。

井上監督にお願いすることがあって、私は大阪の猪名川《いながわ》の河原までロケを見に行った。驚いた。だし役の女優さんは、とある町のミスグランプリらしく確かに絶世の美女というにふさわしかったが、まゆを剃《そ》り落とし、お歯黒をし、演技への執念か、顔には死相があらわれていた。戦国そのままの面差しには凄絶《せいぜつ》な美があった。

「こんなふうに美女を大八車で引きずりまわし、幼子ともどもに殺したら、信長の評判は落ち、本能寺で襲おうという流れにもなるな」。私は、そうつぶやきながら、とぼとぼ河原を歩いて帰った。

「直虎」大河の朝ドラ化

ＮＨＫの大河ドラマの発表があって、柴咲《しばさき》コウさん主演で「おんな城主　直虎《なおとら》」をやると知って、驚いた。その頃私は浜松に住んでいた。大河ドラマにするのはその浜松の女性城主である。ＮＨＫのドラマ視聴率は朝の連続テレビ小説は好調だが大河ドラマは厳しい。それで、以前、私はＮＨＫのドラマ関係者と話す機会があったので、こんなことをいってみた。

「大河は有名な歴史人物は紹介しつくした。視聴者は信長・秀吉などの人生のあらすじを知ってしまってワクワクしない。一方、朝ドラは無名・架空の女性の生きざまを描く。先が読めずハラハラしながらみられるから視聴率が高いのは当然。思い切って大河を朝ドラ化してみては。大河は戦国物が当たる。戦国時代、女性で城主や武将だった人も少ないがいる。ここにそのリストがある」

私はおせっかいにも、大河ドラマになりそうな日本中の人物の推薦リストを作り、ポケットに入れていた。木曽義仲の側《そば》にいた巴《ともえ》御前を入れたかは記憶にない。細川ガラシャ、卑弥呼などはたしか書いた。男性では、外国人の三浦按針《あんじん》や岡山県備中《びっちゅう》松山藩の財政家山田方谷《ほうこく》なども要点を解説した。

戦国の女性武将の部で紹介したのは、福岡県柳川《やながわ》城の立花ギン千代。岐阜県岩村城の、おつやの方。埼玉県忍《おし》城の甲斐姫。そして静岡県井伊谷《いいのや》城（浜松市北区）の井伊次郎法師（直虎）の四人であった。大河ドラマは国民の歴史意識に影響する。これはまじめに言っておかねばと思った。「この四人の中には既に映画化済みの人物、結末が陰惨な人物、不確実な史料にしか登場しない人物があり大河ドラマ化に向かないものもある」と、ドラマ化にあたってのメリット・デメリットを一人ずつ説明した。

近年、大河ドラマの誘致運動が過熱気味だ。大河ドラマの舞台になるとその県の観光客は一割前後増える。観光産業の国内総生産（GDP）比は約五％。県の総生産をその年だけでも〇・五％上げる効果があるとみてよい。それで地元の政治家が必死になる。

それだけに不公平はいけない。私は全国まんべんなくリストに入れた。四人の女性の中では、立花ギン千代と井伊直虎が制作しやすいとの感触はもっていたが、「知名度が低いので大河ではなく木曜時代劇かな」と思っていた。ふたをあければ「おんな城主直虎」に決定である。私の雑談が影響したのか偶然か、わからない。

この女城主は無名に近い。まず浜松市民からその人物像を知ってもらわねばお客を迎えられない。折しも、私は浜松城公園で上演する野外劇の脚本を依頼されていた。ちょうどいいので、徳川家康と井伊直虎を主人公にした芝居を上演時間七五分の戯曲「浜松城家康の愛」というものを書き上げた。市民数千人がみるから、まずはこれで直虎の生涯を市民に紹介することにした。

女城主の井伊家は、豊臣秀吉が十六歳の時に最初に奉公した松下嘉兵衛と親戚である。女城主の養子井伊直政《なおまさ》も最初は松下姓を名乗っていた。この松下家は面白い家で、浜松の頭陀寺《ずだじ》という修験者の多い集落の豪族だ。剣豪柳生十兵衛《やぎゅうじゅうべえ》の母も松下嘉兵衛の娘である。そこで、「少年秀吉がいた松下館跡を発掘したい」と、浜松市文化財課と私とで浜松市長に頼み、小学生も参加して発掘した。

女城主も、井伊谷城を武田軍に奪われてから松下館に身を寄せた可能性がある。室町時代の中国製の青磁と白磁のかけらが出土。室町の豪族居館であることが一層はっきりした。白磁は小学生がみつけた。「今度大河になる女城主や秀吉がこの白磁にさわっていたかもね」といったら、歴史少年はニッコリした。

家康と直虎の野外劇

徳川家康が没して四〇〇年目になった二〇一五年、浜松でも盛り上がって、「家康公祭り」がひらかれることになった。「磯田先生！ 祭りで家康公の野外劇をやりたい。脚本を書いてください。一回一〇〇〇人。四回上演で四〇〇〇人以上見物しますから」と頼まれた。「なぜそんなに客が入るの？」「浜松出身の、ももいろクローバーZの百田《ももた》夏菜子《かなこ》さんというアイドルが二十五日に会場に来るもので」。

そんな訳で、生まれて初めて戯曲を書くことになった。まだ大河ドラマ「おんな城主直虎」が放送されていない頃の話である。浜松市域で一生暮らした女武将の生涯は、一般には知られていない。家康と「直虎」を主人公にして、家康が浜松在城時代に未来の天下人に育っていくさまを描くことにした。やるなら甲冑《かっちゅう》武者だけでなくお姫様も出る舞台が華やかでいい。戦いだけでなく、家康の複雑な女性関係を織り込むことにした。家康は浜松時代に織田信長の意を汲み、妻・築山殿と嫡男・信康を自ら殺させている。ところが、家康のまわりには築山殿のイトコの子ばかり。最初の側室西郡局《にしごおりのつぼね》がそうだし、井伊「直虎」とその養子直政も築山殿のイトコの子との説がある。家康は、築山殿を岡崎で殺させず、わざわざ浜松城の二キロ近くまで呼び寄せて斬っている。やはり家康は、最初の妻・築山殿を、徹頭徹尾、愛していたのではないか。築山殿の処刑も物陰からみていたのではないか。歴史学の論文では通用しないが、芝居の台本ならどんなに想像をひろげても自由だ。のびのびと書いた。

戯曲は、家康が直虎らと浜松城に入る場面で始まる。そして武田軍が直虎たちのいる井伊谷《いいのや》を襲う。武田軍に敗れた三方ヶ原合戦の場面では、野外劇だから本当に生きた馬五頭を連れてきて再現してみせる。最後は、家康たち浜松衆が長久手《ながくて》合戦で羽柴秀吉の軍勢を破って天下人への道を開く。そんな筋立てである。

私は歴史学者だから、この芝居を書くにあたっても、史料調査をするのだが、古文書中に意外な一文をみつけた。江戸期に編まれた家康伝記「大三川志」小牧《こまき》長久手合戦出陣の条に「茂るとも羽柴は松の下木哉《かな》」という不思議な連歌の句が書き込まれている。

「羽柴秀吉は繁栄しているようにみえても松（平）の下っ端にすぎない」という意味だ。松平とは、徳川家のことである。

実は、秀吉は浜松に三年住んでいた。十六歳から十八歳まで浜松の頭陀寺松下氏という山伏の豪族に仕えていた。これが秀吉の最初の武士への就職。松下氏は直虎の親戚にあたる。しかも、武田軍に居城を奪われた直虎は松下館に一時身を寄せていた可能性が高い。直虎の養子・直政は幼時、松下姓を名乗っていた。ちなみに、松下家の娘が柳生家に嫁ぎ、剣豪・柳生十兵衛を産んだ。秀吉は松下から「公」をとって「木下」を名乗ったともいう。秀吉は織田家の重臣丹羽《にわ》と柴田から「羽柴」の苗字を拵《こしら》えたぐらいだからありえる。

つまり秀吉は浜松で下積み時代を過ごした。浜松人はみすぼらしかった秀吉少年の姿を知っており、秀吉との戦いの出陣時、「秀吉は所詮《しょせん》、松下の元奉公人。松下や松平の下働きだ」と噂していた可能性だってある。面白いから、これも脚本に入れてみた。学問としての歴史学は厳密だから、史料にないことは書けない。しかし、秀吉の下積み時代を知っている浜松の人々が、秀吉との戦いに出陣する時に、馬鹿にして悪口を言わなかったと考えるほうが難しい。史料に書かれていることだけで記された歴史は、歴史の真の姿から遠ざかっていることもある。だから文学としての歴史は想像を含むけれども、決して軽んじてはいけないものだと思っている。

「直虎」を名乗った者は

二〇一六年から一七年の年末年始は忙しかった。急いで本を一冊書こうとしていた。というのもNHK大河ドラマ「おんな城主　直虎」がはじまったが、十二月、京都の井伊美術館で新史料が見つかった。女性とされてきた井伊直虎が男だというのだ。これまでに出版された直虎の本は当然、この新情報を反映していない。新史料が出た以上、その評価も含め、本で説明せねば、と思った。

新聞各紙は「大河の主人公に男説」といったタイトルを打ったが、正確には「大河の主人公直虎を名乗らなかった？」とすべきであった。大河ドラマの主人公になった井伊谷の女性領主「次郎法師」は確かに実在した。数々の古文書や一次史料をあわせてみれば歴史的に明らかで動かない。しかし尼の彼女が「次郎直虎」と名乗り、男のように花《か》押《おう》（サイン）までしたか。新史料発見でその点に疑義が生じたのが事の真相だ。

戦国は江戸以降に比べ極端に古文書が少ない。識字率が低く紙が貴重。お寺以外の建物の多くは掘立柱《ほったてばしら》建物。建て替えが多く古文書が残りにくかった。しかも戦乱がある。それで「次郎直虎」と署名された史料は一点しか残されていない。そのため戦国井伊家の歴史の細部は江戸期の伝承によるところが大きい。

「女領主」の物語は井伊家菩提寺《ぼだいじ》の龍潭寺《りょうたんじ》で一七三〇年に記された『井伊家伝記』による。八十六歳まで長生きした僧・松岩《しょうがん》などの記憶をもとに伝承を住職がまとめたもので創作物ではないが変な記述もある。今回見つかった史料も似ている。次郎法師の母方いとこの女性が九十六歳まで生きた。当時としては奇跡的長寿。死の三年前、一六四〇年に実家の井伊家への功績を語った。これを甥《おい》の井伊家家老・木俣守安《きまたもりやす》が書記し、一七三五年に子孫がまとめたのが今回の新史料「守安公書記・雑秘説写記」である。そこに問題の記述があった。

「一、井の谷ハ面々持ちにてしつまりかね候ニ付て、其後関口越後守《えちごのかみ》子を井の次郎に被成《なされ》、井の谷を被下也。然《しか》れ共、井の次郎若年……」。井伊谷は銘々が領有して鎮まらない。そこで関口越後守の子を井の次郎（井伊家当主の呼称）にし、これに井伊谷を与えたが、若年で、という意味だ。その頃、井伊家は駿河の大名今川氏真の家臣。今川家が「若年」の男子を連れてきて井伊家を継がせたとの記述だ。本当なら井伊家に未知の当主がいたことになる。ただ、これが、いつのことかは書かれておらず、新当主が「直虎」と名乗ったとも記されていない。

一五六八年旧暦九月十四日の時点では、次郎法師が井伊谷の支配者。今川家＝氏真もその認識であった（「瀬戸方久《ほうきゅう》宛今川氏真判物」）。ところが、この時、氏真は滅亡寸前。東から武田信玄が侵攻。西からは徳川家康が遠江の豪族たちに廻覧状《かいらん》を回し、今川からの離反内通を公然と誘っていた（同年八月三日付家康書状）。そんななか、同年十一月九日付関口越後守との連名書状に突如「次郎直虎」が登場する（「蜂前《はちさき》神社文書」）。

ひょっとすると、井伊家当主「直虎」は約一か月だけ存在したかもしれない。滅亡寸前、追い込まれた氏真が、家康との戦闘準備のため、国境地帯の井伊谷に、少年の傀儡《かいらい》当主を立てようとした可能性がある。しかし翌十二月に家康軍が井伊谷に侵攻し併呑《へいどん》。十三日には信玄の攻撃で駿府の氏真政権は崩壊。直虎少年はいたとしても井伊谷を追い出されたに違いない。それで直虎は幻の当主になったのではないか、と考えている。

秀吉は秀頼の実父か

佐賀県唐津《からつ》の肥前名護屋《ひぜんなごや》城がいま面白い。天守の下にあった豊臣秀吉の居住区とおぼしき建物跡が発掘中ときき、佐賀新聞の中尾清一郎《せいいちろう》社長と城跡に登ってみた。

秀吉がこの城を拠点に大陸征服を狙ったのは事実だが、この男は征服そのものより、自分の意志に人が従い、物が集まるさまを可視化するのが、生きる目標であったように私は感じている。彼は突貫工事でこの巨城＝名護屋城を現出させ、その本丸から十万人単位の将兵を見下ろした。徳川家康さえも眼下の陣屋において使い走りにして楽しんだ。前半生、不当に卑しめられてきたことへの反動でもあったろう。おのれの権力の可視化こそが彼の快感であった。

ただ、この秀吉の我儘《わがまま》は日本政治史に大きな副産物をもたらした。日本中の大名と重臣・兵卒までが一か所に集結して対外戦争をやったため、天下・統一国家日本の現物を日本中の人間が見てしまった。日本は一つとの国民国家思想の形成の前処理がここで済んだ。

私が秀吉の御殿とにらんだ建物跡はまさに掘り出されたばかり。県立名護屋城博物館の学芸員さんが、見たそうにしている私を哀れに思ったか、特別に青いビニールシートをあけて見せてくれた。驚いたことに、その御殿跡は、海風が土を吹き飛ばすせいか、あまり埋もれていない。軒下に雨垂れ受けのため置かれていたこぶし大の玉石がある。本丸は風が強すぎ、後に秀吉はやや下った山里丸《やまざとまる》に移ったそうだが、ここに居たのは間違いない。約四〇〇年前に秀吉が草履で踏んだであろうその石が地表から数センチのところに完璧に残っているのを見ているうちに、私はまじめな妄想をはじめた。「この御殿で秀吉は淀殿を抱いたのか」。

実は、日本史上の重大問題がある。肥前名護屋のこの御殿で秀吉が淀殿を抱いていなければ「豊臣秀頼は秀吉の子ではない」ことになるのだ。すでに九州大学の服部英雄教授が『河原ノ者・非人・秀吉』で考察されているが、文禄《ぶんろく》二（一五九三）年旧暦八月三日生まれの秀頼が秀吉の子であるためには文禄元年旧暦十一月初旬前後に、秀吉と淀殿が閨《ねや》を共にしていなければならぬ。この時期、秀吉は名護屋城にいた。これに淀殿が随行していなければ、秀頼の父は秀吉以外の誰かになる。

淀殿が名護屋に下ったかは、歴史学者の間でも見解がわかれるが、私は、現時点で淀殿の名護屋下向は疑わしいと思っている。たしかに、「淀の御前様も御同心のよし申し候（淀殿も同行されているといわれている）」と書状に書いて国元に送った史料はある。しかし淀殿の下向を示す重要証拠はこの一点だけ。しかもこれは佐竹家臣の平塚瀧俊《たきとし》という豊臣家の内情を知らない茨城の武士が留守宅に「淀殿もきているらしい」との噂をききつけて書き送ったものだ。

豊臣家の内情を知悉《ちしつ》している者の記録は『大かうさまくんきのうち（太閤様軍記の内）』だ。『信長公記』の著者・太田牛一《ぎゅういち》が書いた。太田は名護屋に駐留、弓大将での秀吉の側室の世話もした男。秀吉が女たちに見送られて大坂を出発し、同行したのが側室の京極殿（松の丸殿）であったことを記している。しかも出発から旅程まで側室の動向を詳細に記述している。淀殿が同行すれば、太田が記録せぬはずがない。淀殿は信長の姪である有名な側室。京極殿が来ても、地方大名の家臣だと淀殿が来たと噂することはありそうだ。私も服部教授と同意見で、平塚は京極殿を淀殿と誤記したのではないかと思う。

では秀頼の実父は誰か。その詮索はさらに、ややこしい古文書の探索が必要になるので、ここではやめておく。

第4章　この国を支える文化の話

能は見るより舞うもの

能を稽古《けいこ》したことはない。ところがひょんなことから、ベルリン芸術大学まで行って能を舞うことになってしまった。しかも太刀を抜いて斬り合う能のチャンバラ「斬組《きりく》ミ」をやらなければならなくなった。

国際日本文化研究センターの笠谷和比古《かさやかずひこ》教授は近世武家社会研究の第一人者だが、この先生が成城大学の宮崎修多《しゅうた》教授と「保元《ほうげん》物語―崇徳院怨霊譚《すとくいんおんりょうたん》」という新作能風の楽劇を書き下ろした。笠谷教授との縁で、これにかかわることになったからである。

芝居の内容は平安末期の話である。欲望の塊のような白河法皇が、あろうことか孫の鳥羽《とば》天皇の妃《きさき》と関係をもっていて、のちの崇徳天皇を産ませてしまった。権力者に愛憎紅蓮《ぐれん》の炎がめらめらと燃えあがって戦乱となり、ついにこの世を焼き尽くすか、という物語である。人欲の象徴たる崇徳が恐ろしい怨霊《おんりょう》となって能舞台に現れる。

大河ドラマ「平清盛」に筋が似ているが、この新作能のほうが先で、放映の前年四月に兵庫県立芸術文化センターで初演されている。偶然ながら大河ドラマを先取りした芝居である。音楽はオーケストラなど西洋・現代のもので、舞台上のセリフや動きはすべて能楽のものであり、笛や鼓などの囃子方《はやしかた》もつく。能オペラといってよいもので、ドイツのベルリンで上演されることになった。

戦乱のシーンのある芝居だからチャンバラをやらなくてはならない。しかし能楽師を大勢、飛行機でベルリンに送り込むほどの資金はない。それでもドイツに能はぜひ紹介したい。そこで元来、見物人であったはずの私までが出演することになった。正式な能楽ではプロの能楽師と「素人」は共演しない。こういうことは異例であり海外やたまに北海道ではありえるが、東京や京都では難しいのだと聞かされた。

私は宝生《ほうしょう》流能楽師の藤井雅之・石黒実都《みと》両氏に装束をつけてもらい「雑兵《ぞうひょう》」となった。能装束は重く着ると痛い。背にバネというY字形の木製ギプスを縛りつけるからだが、これをつけると、自然に足を少しまげ腰を落としてすり足で歩く「能の姿勢」になる。中世日本人もこの姿勢に似て、手足をピンと伸ばさず暮らしていた可能性が高い。

能楽師さんと話すと面白いことが多かった。大鼓の谷口正壽《まさとし》氏と小鼓の曽和《そわ》尚靖氏に「ベルリンは乾燥しすぎませんか」ときくと、「北海道ほどではない」と口を揃えた。彼らは幼少期から鍛えて、朝起きると湿度計がなくても湿度がわかる体になっている。「大鼓の革は十万円前後で公演用には十回も使えない。小鼓はそんなことはない」。大鼓と小鼓ではランニングコストが全く違うことなど初耳であった。

以前、私は観世《かんぜ》宗家の観世清和《きよかず》氏から古文書整理をたのまれて同家の文書を洗いざらい見たが、見るのとやるのでは大きな違い。能は見るよりも舞うほうが楽しい。能はセリフの言葉が難しいから、見るほうはやや苦痛で観客が寝てしまう。歌舞伎は連日興行できるが、能は狂言以外は一般に客入りが悪いのが現実だ。

今回のベルリン公演では外国人が観客である。ドイツ人にわかるよう、謡《うたい》の内容を字幕で流し評判もよかった。全セリフ字幕もやれたがまずはそうした。江戸初期までの能は上演時間が今よりも短い。今のようにモゴモゴとセリフを言わず滑舌のよいわかりやすい芝居であったはずだ。見るほうにも楽しい、わかりやすい能楽はどこかにある。伝統を守るために、この芸能を絶やさないために、未来にむけてそれをさぐっていくことも大切だと思った。

信長と同時刻生まれの男

織田信長の誕生日について新知見があったので記しておく。二〇一七年の夏、私は「信長占い」という新作狂言を書き、七月下旬東京・国立能楽堂で上演した。ある時、和泉流の九世野村万蔵《まんぞう》さんに東京・恵比寿のホテルに呼び出された。「新しい狂言を書いてくれませんか」という。万蔵さんは座右の銘が温故「創」新だ。古典をふまえた上で新伝統を創出する意気込みを尊敬しているから二つ返事で引き受けた。

さて、何を書くか。万蔵さんは談話で「戦国武将が出てくる新作狂言をやりたい」と言っていた。それで戦国武将から幕末志士まで五つストーリー案を提案してみた。そのなかで万蔵さんが「これが面白い」といったのが「信長占い」だった。あらすじは「朝野雑載《ちょうやざっさい》」という史料にある記述が元になっている。

信長は実証主義者である。本当に星占いが正しいか、生年月日が人間の運命を決めるものか確かめようとした。すなわち、配下に命じて、自分と同年同月同日同刻に生まれた者を探しだし面会しようとした。信長と同時刻に生まれた者が一人だけみつかったが、それは極貧の者であった。信長はこの極貧男にむかって「天下人の自分とは大違いじゃの」と馬鹿にした。ところが、極貧男は言い返した。「信長様と自分はたいして違いはない」と。信長が「なぜじゃ」と、怪訝《けげん》な顔をすると、極貧男は言った。「信長様は今日一日、天下人の楽しみのなかに生き、私は今日一日、極貧者の苦しみのなかに生きている。それだけにすぎない。これ、たった一日の違い。おたがいに明日の運命は知れぬ点では同じである」。

なるほど、そんなものかもしれない。調べてみると、中国でも、明の太祖・朱元璋《しゅげんしょう》が同じことをした逸話があるという。朱元璋の場合は見つけ出された同時刻生まれの者は「蜜の籠を十三ほど持ち運んで暮らしている蜜屋の男」であった。朱元璋は、自分と同時刻生まれの者の身柄をおさえたものの、こんな貧しい男が皇帝にとって代わるはずがないと考え、無罪放免したという。

これにヒントを得て、脚色して新作狂言に仕立てた。信長は極貧者の話をきくうちに気に入ってしまい、「もう少し付き合いたいから京都の宿所に泊まりにこい」と誘う。極貧者が「それはどこか」と聞くと、信長は「本能寺じゃ」という。その瞬間、極貧者の顔色が変わり、「本能寺だけは嫌じゃ」と逃げ出す。それを信長が「本能寺へこい」と地獄の亡者のように追いかけ、舞台からはけて終わる。そういう狂言である。

信長の誕生は従来天文三（一五三四）年五月十二日とされてきた。ところが近年、愛知の歴史研究家・石田泰弘氏が「尾州出生侍覚書」「織田氏系図全」『池田家履歴略記』をもとに、信長は五月二十八日に尾張国勝幡《しょばた》城で生誕との説を発表し、こちらが有力になってきている。

しかし、信長の誕生時刻はわからない。私も古文書は専門だから、独自に調査をしてみると、新知見があった。東大史料編纂所の「織田系図」謄写本（鈴木真年原蔵）に、信長は「天文三年甲午五廿七〔八〕生尾州勝幡城」とあるのを発見した。五月二十七日をわざわざあとで二十八日と訂正注記していた。これをもって信長の誕生時刻は確定できないが、前近代では深夜はしばしば前日の日付で表現される。新作狂言は学術論文ではないから、信長は日付が変わる子《ね》の刻ごろに生まれたと仮に推定してセリフに盛り込んだ。

毒味をさせた「毒味役」

江戸時代に「毒味役」の武士は本当にいたのか。たしかに、芝居や映画には、毒味役が山ほど出てくる。近頃では「武士の一分《いちぶん》」という映画があった。原作は藤沢周平で、木村拓哉が盲目の武士を演じていた。たしか藩主の毒味役をつとめていて貝の毒にあたって失明したという話であった。歌舞伎の「先代萩」や山本周五郎『樅《もみ》ノ木は残った』にも大名家で毒味をやっていて本当に毒にあたって死んでしまう塩沢丹三郎《たんざぶろう》という武士が出てくる。

しかし、私は思うのである。歴史学者として随分、古文書をみてきたが、毒味役が「私が毒味役です」と書いた史料はみたことがない。どうも毒味の実態がわからない。しかし毒味があったのは確かだ。かつて大奥にいた者数十人から往時のさまを聞き取った『定本　江戸城大奥』という本がある。これに毒味の様子がでてくる。将軍夫人の食事は「御広敷番頭《おひろしきばんがしら》及び中年寄の御毒味」をへて提供されていたとあり、江戸城では毒殺を避けるため将軍夫人用の御膳は一〇人前も調理させていたという。一〇人前御膳を用意すれば、毒殺者は一〇人前全部に毒を盛らなければならず、毒殺が難しくなる。そんな工夫をしていた。一〇人前のうち二膳が毒味に回され、残った八膳のうち三つだけが将軍夫人の前に出され、将軍夫人はその三つのうち二つの御膳にランダムに箸《はし》をつけていた。残りはお付きの当番の者が食べていたというから、この方式のおかげでお付きの者も、美味しい物にありついていたわけである。

戦国期には、どうもこれは毒を盛られたな、という事例がある。当時の名医・曲直瀬《まなせ》道三《どうさん》が自分のカルテを『医学天正記』として公開したが、そこに疑わしい症例がある。石山本願寺を攻める直前、山岡孫太郎という甲賀衆の頭目が突如苦しみだした。また戦国武将・毛利輝元《てるもと》も九州の島津氏征討に出陣すると、突然、下痢・下血に続いて、脚が腫《は》れて歩けなくなり、みぞおちにしこりも生じた。いずれも出陣直後に急性の中毒症状を呈している。戦国時代には敵の戦力をそぐため、忍びを放って、敵方の先鋒大将に毒を盛ることがあったのかもしれない。

そんなわけで大名家では毒味が重要になったのだが、先日、私はとうとう毒味役が自身で書いた古文書にゆきあたった。東京・目白台にある旧熊本藩細川家の永青文庫《えいせい》にそれはあった。細川家では江戸初期、細川忠興と子や孫のあいだで深刻な対立があった。忠興は絶世の美女細川ガラシャの夫だが苛烈《かれつ》な性格である。当主になった孫の細川光尚《みつなお》は隠居した忠興に毒殺されかねないと思ったらしい。茶坊主や料理人から誓約書（起請文）をとった。

「私は今度、料理係を許可されました。もったいないことです……、私は忠興様に主君を替える気は毛頭ありません。御食物にはいよいよ念を入れ、ちょっとでも御食物に心もとなく御毒のような物があると思ったら出さないようにします」。毒味役坂井七郎右衛門の誓約書もあった。「私は毒味の役を命じられ、（殿に）上げる物をよく吟味し、それぞれ調理する者に毒味をさせたうえで（食膳を）上げます」「調理人はいうまでもなく誰でも（殿へ）上げる物へ近づいた者には能々《よくよく》毒味をさせます」。

細川家の毒味役は毒味をさせる係であって毒味をする係ではなかった。毒味をするのは調理した者と御膳を運ぶ者であったのだ。

かぐわしき名香の物語

京都へ行ってきた。香を聞くためである。香道では、お香をかぐことを聞くという。志《し》野《の》流香道の若宗匠・蜂谷宗苾《はちやそうひつ》さんが「磯田さん。いにしえの名香を聞かれませんか」と誘ってくれた。名香ときいてピクッときた。しかも香席は銀閣寺。国宝慈照寺東求堂《じしょうじとうぐどう》の脇に設けるという。

いい予感がした。志野流の伝説では、足利八代将軍義政《よしまさ》が居所の東求堂を建てた折に、志野宗信《そうしん》が香を焚《た》き、流派がはじまったことになっている。とほうもない名香が焚かれるに違いない、行かねば、と思った。

銀閣寺につくと、錚々《そうそう》たる人が控えの間にいらっしゃる。近衛さんに尾張徳川さん。狂言の野村万蔵《まんぞう》さん。作曲家の三枝成彰《さえぐさしげあき》さんと作家の林真理子さんである。近衛さんの横顔をみるうち「これは。すごい名香が出るな。志野流は五〇〇年ぶりの香席をやろうとしているのではないか」と期待が高まった。

だが、自分は香席に連なったことがなく作法もしらない。山田松《やまだまつ》香木店の若旦那が教えてくれた。当然だが、香は焚けばなくなる。名香木は数百年秘蔵され、僅かずつ削られ焚かれて消えていく。その瞬間に立ち会えること自体が奇跡だ。

香席に座ると、若宗匠が香道具を手に入ってきた。若宗匠がいった。「まず名香を聞いていただきます。今日のお香は三種。八重垣《やえがき》・花散里《はなちるさと》・初音《はつね》です」。卒倒した。八重垣と花散里といえば、伊勢貞丈《さだたけ》『貞丈雑記《ていじょうざっき》』という古文書で読んだことがある伝説の名香。たしか八重垣はスサノオがよんだ最古の和歌「八雲立つ出雲《いずも》八重かき妻籠《つまご》みに　八重がきつくるその八重がきを」に由来する。この香は、人がかぐと途中から濁るとされるので、「八重かき」を下の句から「八重がき」と濁ってよむこの和歌の名がついた。私は全神経を集中して途中から香が濁るか確かめようとした。たしかに匂《にお》いが微妙に変化した。

次の花散里は、匂いを聞くとほんとうに桜吹雪のなかを歩くような気がした。それより気になったのは最後の初音である。この香は人の命がかかっている。その入手をめぐって細川忠興・伊達政宗・前田家が争い、相互の家臣が斬り殺し合った名香。初音の銘は古歌「聞くたびに珍しければほととぎす　いつも初音の心地こそすれ」による。細川家永青文庫評議員でもある私には、この香薫だけは忘れずに憶えておく使命がある。必死で香を聞いたが、どうもよくわからない。毎度新鮮な感じがするといっても、今日生まれてはじめて香を聞いたのだから比較の対象がない。初音は香りが憶えにくいのが特徴なのかもしれぬと思った。

ひととおり名香を聞いて組香《くみこう》の遊びをした。香の薫りを当てる。私は皆目わからない。ところがさすがに元貴族はすごい。近衛さんも尾張徳川さんも正解する。銀閣寺の方も正解。すごいと思ったのは三枝成彰さんで、「あれは焼き肉の匂いに近い。これは古びたコートのようだ」といいながら香をかぎ分け、全部当てられた。

香道は奥が深いと思った。無形文化遺産にでもして保護が必要な芸術かもしれない。香木の希少性からあまりに貴族的で和歌の教養が要る芸道として発達してきたため、茶道ほどには気軽に学ぶ人がおらず、家元流派もその数が少ない。私は生まれてはじめて聞いた香が八重垣という僥倖《ぎょうこう》に恵まれたが、この芸術を、これから、どうやって守っていくか、香道が香煙のごとく消えぬ知恵が要る。

「信繁」も加わり兜に香

京都をぶらぶらして聚雲堂《しゅううんどう》という古書画屋に入り、何か面白いものはないかとみていたら「木村重成　黒髪に今際《いまわ》としめし空薫《そらだき》は　千代の香りと成りにけるかな　清綱《きよつな》」と書かれた短冊をみつけた。元薩摩藩士で元老院議官・子爵黒田清綱という男がいる。洋画家黒田清輝《せいき》の養父かつ伯父。筆跡からみて彼の自筆和歌短冊のように思われた。

「木村重成」は一六一五年の大坂夏の陣で名を残した豊臣方の部将。絶世の美青年。討死しても見苦しくないよう自分の兜と黒髪に「空薫」という方法で香りを焚きしめて出陣。首をとられた。首実検の時、美しい彼の生首からは香薫が漂い、後世の語り草となった。短冊の和歌はそれを詠んだものらしい。

疑問がおきた。兜に香の薫りを焚きしめ、においをうつす、とは如何なることか。香の空薫を実験してみたくなった。大河ドラマで真田丸をやっていたとき、真田丸の主役・真田信繁（幸村）をやっている堺雅人さんをよんで一緒に、豊臣方の部将の兜に香を焚きしめる実験をやろうと考えた。木村重成は真田丸の戦いでも活躍している。役作りにいい。早速、志野流香道の若宗匠・蜂谷宗苾さんに連絡をとってみた。「あのう。香を兜に空薫で焚きしめる実験をやりたいのですが……」。駄目でもともとの頼みである。

奇跡がおきた。「やりましょう」。蜂谷さんはそういってくれた。「東京の麻布十番に香雅堂という香木店があります。そこの店主にいっておきます」。空薫は高価な香をたくさん焚くから香木店の協力が必要なようであった。堺雅人さんに連絡すると、好奇心が強く役作りに熱心な彼から即座に「行く！」と返事がきた。信繁の兄信之《のぶゆき》の子孫真田家一四代幸俊《ゆきとし》さんも来ることになった。

大河ドラマの収録は平日である。実験をやるなら土曜がいい。蜂谷さんと私は土曜に香席をもうけることにした。ちょうど、私が原作の映画「殿、利息でござる！」が完成した頃で、堺さんとその話もしたかった。本当は堺さんにもこの映画に出てもらって、スケート選手の羽生結弦さんとの夢の共演を実現してもらいたかったのだが、名優は忙しい。大河ドラマと重なって実現できなかった。

その日がきた。兜は私が浜松の友人に借りた。真田信繁の鹿角の兜の複製である。蜂谷若宗匠、堺雅人さん、それに私と志野流香道のお弟子さんたちが集まった。皆、かたずをのんで実験を見守った。香雅堂さんがその兜の下に小さな香炉をおいた。伽羅《きゃら》の香木を兜の下から焚き、香気をうつすという。この実験はなかなか、うまくいかなかった。「伽羅などの香木でなくむしろ練り香などで時間をかけてゆっくり香気を兜にうつしていったほうがよいのではないか」という結論になった。

そのあとで香の聞きあて競《くら》べをやったが、二〇年以上、香道をやっている人々を押しのけて一番になったのは堺雅人さん。彼は初めて香を聞いたという。一芸の達人はすごいものだと思った。

秘伝書が伝える「生け花の化学」

生け花のことは、よく知らない。その日も、参考になる古文書はないかと、京都市内の古書店を歩いていた。寺町二条の尚学堂に入った。店主は稲場さんという。親子二代二十五年にわたりお世話になっている。稲場さんは、どこからともなく史料を集めてきて店頭に積んでいる。この店のおかげで、洛中洛外《らくちゅうらくがい》の古文書が埋もれず、捨てられず救われて、研究者の目にとまるのだから、ありがたい話である。

とはいえ、店頭の雑多な紙の山から学術的に意味のある史料をみつけるのは難しい。「今日はない。帰ります」と、稲場さんに御辞儀をしようと考えたその時、ひとつの和綴《と》じの冊子が目に入った。

「挿花《そうか》養《やしない》之《の》伝《でん》」と表紙に書いてある。「嘉永《かえい》六（一八五三）年八月吉日　佐久間鷺《さくまろ》水《すい》」とも。巻末には「右、養《やしない》の巻は、未生《みしょう》家秘事の秘中にして、猥《みだ》りに伝えず……未生流薬井斎泉鱗《やくせいさいせんりん》（花押）」と記されているから生け花・未生流系統の秘伝書である。これは面白いと思った。生け花を生ける「形」を示した華道の書物は多い。ところが、この秘伝書は「養」といって、生けた花を、長期に、みずみずしく保つ秘法を論じている。当然、植物ごとに、長持ちに効く薬品は違う。植物ごとに薬品の種類と調合を詳細に記している。

そういえば、先日、未生流笹岡《ささおか》の家元・笹岡隆甫《りゅうほ》さんと近所で寿司をつまんだのを思い出した。笹岡さんは幼時に京都祇園祭の御稚児さんの大役を務めたことがあるそうで、私は興味津々で、その内幕を聞いた。これは、笹岡さんにとって大事な古文書かもしれない。買って帰ることにした。解読をはじめると、これが面白い。秘伝書のなかに紙が一枚挟んであり、そこにも秘伝が記されていた。江戸時代に、生け花が、植物の生理に基づいて「花を長持ちさせる科学性」を獲得していく様子がわかる。特に、江戸中期以降、水辺の植物を生ける技術が向上する。例えば、コウホネという水生植物は、山椒《さんしょう》・茶・明礬《みょうばん》を調合した薬液を「水鉄砲にて水上《みずあげ》る」。蓮《はす》も水鉄砲で「石灰」を湯で煮た水を注入する。「葭芦《よしあし》」などは「焼酎《しょうちゅう》にて生《いけ》る」とある。蠟燭《ろうそく》で根元を焼き切る方法の詳細もある。水生植物に水鉄砲で水を注入したり、石灰でアルカリ性にしたり、「生け花の化学」が江戸期の日本には、あった。

華道の歴史をいえば、飛鳥奈良時代から神仏に花や植物を供える行為自体はあった。供花であるが、これが室町時代になって池坊専応《いけのぼうせんおう》ら六角堂の花僧《かそう》たちによって「立花《りっか》」の型がうまれる。水鉄砲を使ったり薬剤を活用したり、生け花とよばれ、家元制度がかたまってくるのは、江戸中期以降のことである。

ところで、東映系で「花戦《はないく》さ」という時代劇映画がヒットした。織田信長・豊臣秀吉の時代を生きた池坊専好《せんこう》という花僧の目から戦国時代を描いた作品である。私もみてきた。いい映画だった。戦国物の映画といえば、従来、殺す戦国のものばかり。生かす戦国映画はないものか、と思っていたら、この映画がやってくれた。

この国は殺伐たる戦国の世に、花を生けたり、茶を楽しんだり、生かす美の文化を誕生させている。集中統合された秀吉の暴力はすさまじい。そのなかで民衆や花を生ける僧侶や千利休《せんのりきゅう》が芸術を完成させていく姿をわかりやすく描いていた。映画中にお城の広間を占領する大きな「生け花」である大砂物《おおすなもの》が出てくるシーンの美観に圧倒された。

上方の富くじは太っ腹

先日、大阪でテレビに出た。毎日放送の人気番組「ちちんぷいぷい」にコメントを求められた。「大阪人は宝くじが大好き。一人あたり購入額も全国有数です。これに歴史的背景があれば、ぜひ解説を」と頼まれた。

なるほど、と思った。大阪人の宝くじ好きは今に始まったことではない。そもそも宝くじの文化そのものが大阪発祥の可能性が高い。宝くじの先祖は寺社で行われた「富くじ」である。その富くじの元祖と目されるのが大阪府の箕面山《みのお》瀧安寺《りゅうあんじ》の「箕面富」。ただ、この箕面山の富くじは当選しても大金が入るわけではなかった。「大福御守」の当選者を決める宗教行事であった。「当っても減る銭金の富でなし　みのお（身の老）ひ先を守る神札《みふだ》ぞ」（『摂津名所図会』）というように、はじめは、お守りの抽選をやっていたのだが、富くじは途中から変質し始める。寺社の復興費用捻出に使われるようになる。幕府もこれを許し「御免富《ごめんとみ》」というものが出来上がる。近年、この過程の研究が進み、滝口正哉著『江戸の社会と御免富』などに詳しい。

富くじの史料は、ギャンブルの研究にも力を入れている大阪商業大学商業史博物館が、全国的に収集していて、学芸員の解説とともに、ネット上に一部が公開されている。これなどをみて、江戸時代の富くじの実態を考えてみるのだが、やはり大坂は宝くじ文化が古くから満面開花している感がある。

絵画史料をみても、大坂では江戸より大っぴらに、くじが売られていた。「五百両」などと当選金が深紅ののぼり旗に大書され、抽選日には「今日興行」といって太鼓をならして、富くじの札売りが売り歩いた。江戸は将軍様のお膝元だから、もっと遠慮して日陰で、富札は売買されていた。当選金も一〇〇両がふつうであり、京・大坂のように、三〇〇両、五〇〇両、いや一〇〇〇両の富くじまであるようなのはべらぼうな話であった。

一両は三〇万円ぐらいの感覚だから、五〇〇両＝一億五〇〇〇万円の宝くじが、のぼり旗を立てて堂々と売買される現代的な風景は、まず大坂で生まれたものとみてよい。

この江戸時代の宝くじ＝富くじの具体的様子を調べると、なかなか興味深い。まず現代より富札は高い。金二朱（約四万円）ぐらいからだから、庶民は割札と言って四人や八人で共同買いした。最低今の五〇〇〇円はないと富くじには参加できなかった。上方では富くじの発行枚数は三万〜五万枚のものが多い。私の住む京都では、今の新京極に四条道場という踊り念仏の寺があって、そこが代表的な富くじ興行場所であった。

この富くじはだいたい五％が当たりくじである。京都の東寺《とうじ》の富くじでいうと、三万枚発行して当たりくじが一五〇〇枚。三〇〇両や一〇〇両は滅多に当たらないが、お金が二倍になる金一分（約八万円）の当選は七七六本もある。

これだと低額の当選者を、しょっちゅう身の回りでみかけたに違いない。それで、ついつい買ってしまう状態が江戸時代にもあったに違いない。

このあたりは、江戸時代も現代も同じなのだが、決定的に違うのは控除率である。現代の宝くじの控除率（運営側＝胴元などの取り分）は約五五％で、かなりとられる。しかし、江戸時代の富くじは寺社への奉納金が一割前後、販売手数料などを考えても、現代の宝くじよりずっと低かった。世の中はだんだん世知がらくなっているということか。ちなみにそれを知る私は、一度も宝くじを買ったことがない。

江戸期の婚礼マニュアル

古式ゆかしく、などと言うが、我々の伝統だと思っているもののなかには意外と伝統ではないものが多い。日本人の婚礼も昔からの儀式は三三九度の盃ぐらいかもしれない。江戸期の史料をみる限り、婚礼は〈1〉夜間に〈2〉自宅で〈3〉神主の関与なしで行っていた。神の前で誓いを立てる神前結婚は明治以後につくられたものである（平井直房「神前結婚の歴史と課題」）。

江戸期の婚礼は、いかなるものか。先日、京都で古本をあさっていて「婚礼之次第」という写本をみつけた。年号は記されていないが江戸後期の婚礼のマニュアルらしい。私は小学生時代から、古文書をみているので、紙質と書体をみると、書かれた年代が大体わかる。婚儀で話す挨拶の台詞《せりふ》や書状の文例まで詳細に書いてある。書状の文例に

「先日、花園《はなぞの》（京都市右京区）の御伯母様より」などとあるから京都付近の富裕層の婚礼を想定したマニュアルらしい。

これによれば、婚礼は結納にはじまり、夜に嫁を迎えにいく順序で進む。この時、男の家では門の左右に「庭の続松《ついまつ》」といって魔除《まよ》けのたいまつを灯《とも》す。さらに門内では「臼《うす》を左右に二つ置き、男女両人（が）向ひ合て餅をつき、其間を（花嫁の乗った）輿《こし》を通」す。これは男女の交わり、子づくりのさまを餅つきで表現している。左右の餅と臼を打ち合わせたりする。

それがすむと、蠟燭を灯した妻戸《つまど》の縁側に「輿よせ」といって嫁の乗った輿を置く。同時に嫁が輿に入れて持参した刀の受け渡しが両家の間でなされる。面白いのが、この時、嫁が胸にかけている「胸の守り（お守り）」を男が受け取り、「座敷の床柱《とこばしら》の内の中柱より下に釘《くぎ》」が打ちつけてあるのに引っ掛ける。江戸期には、嫁はこうして迎え入れられていた。それから座敷で「式三献《しきさんこん》」といって婚儀がはじまる。この儀式は婿と嫁が盃を交わす。仲人と両親、介添えの酌男《しゃくおとこ》・酌女《しゃくおんな》と両親で行う。

それから、いよいよ「床入り」になる。私は期待し興味津々で読みすすめたが残念。このマニュアルは、そこで記述が終わっていた。悔しいから、勤務先の図書館で江戸期の婚礼マニュアルで全国に大きな影響を与えた『婚礼罌粟袋《けしぶくろ》』をさがして読んでみた。この本は寛延三（一七五〇）年に京都の板元・和泉屋伝兵衛が編んだとされる（『江戸期おんな考』第6号）。

これには床入りの作法が書いてある。「嫁を待女郎《まちじょろう》（介添え役が）案内をし、床にいざなひ、又、婿を同道して、床に直す」。そこには三方《さんぽう》に白米を高く盛り、鰹節《かつおぶし》を二ふし紙に包み、米の上に置いたものがある。ここでも夫婦は盃を交わす。

そして夫婦の営みがはじまるのだが、驚くべきことに「かひぞへ（介添え）こしもと（腰元）、次の間に静かに臥《ふ》すべし」とある。自室で介添え役が二人の様子を監視するマニュアルになっている。気になるから、さらに臼井流の婚礼マニュアル『婚礼図書』（江戸中期）をみてみた。こちらは初夜の添い寝監視はないが、夫婦の営みの部屋に「犬張子《いぬはりこ》」という犬型の箱が置かれ、「是《これ》は婚礼　調《ととのう》　翌朝、白紙に紅などつけなどして、舅《しゅうと》の方に送る」などとある。ちゃんと子づくりができたか。出血やそれを象徴する紅を白紙につけて嫁の実家に送る習慣はあったというが、古文書に文字でそれがはっきり書いてあると生々しい。

かつて結婚は夫婦個人間のものでなく、家と子孫繁栄のためであった。我々には奇異だが、人類の結婚の姿はまことに自由に変動をみせてきたということであろう。

「寺子屋」文化の遺産

江戸社会というのは、身分による格差の大きな社会と思われているけれども、ヨーロッパ人の感覚からすれば、実際、殿様と庶民の差は小さかった。食事などは貴族も民衆も一様に質素なのに驚いている。ヨーロッパの感覚でいえば、御殿も衣服も格差は小さい。

江戸社会で、ずば抜けた格差があったのは武力で、これは将軍・大名権力に誰もかなわなかった。実は、刀狩り以後も、ムラには鉄砲がたくさんあった。しかし、武力として数千、数万丁単位で集中使用できるのは将軍と大名だけであり、暴力の所有は著しく偏在していた。ただ、富は将軍や大名に偏在していたわけではない。

さらに、ここが重要なのだが江戸時代は「知の身分差」が小さかった。武士も庶民も知識レベルの格差が小さかった。学問に関しては、わりに開かれた社会で、学問文化については、身分をこえて交流することがあたりまえに行われた。学問さえあれば、庶民でも、殿様は呼び寄せて意見をきいたし、武士学者と町人学者・農民学者の区別も、知的格差もなかった。江戸時代は、権力者に武力が集中しているだけで、富や知識の面は格差がすくなく、ひろく庶民までゆきわたっていた社会であった。

一八一一年、ロシア海軍士官のゴローニンが北海道（蝦夷地《えぞち》）で測量中につかまった。ところが、ゴローニンは抑留中に日本人の知識に驚く。牢番の足軽が、茶碗をひっくりかえして地球儀にみたて「おまえは、ここからきて、いまこのあたりにいる」と、サンクトペテルブルクの位置と、日本の箱館《はこだて》の位置を説明してみせた。

日本人が庶民まで文字を知り、知識豊富なのは当時から知られていた。日本人が「知の世俗化」をはやくから達成したことが大きい。人類史上、文字や知識は、たいてい超自然的な神仏をあがめる神殿や教会・寺院を中心に伝承され、そこが教育の場、知識の場になってきた。教会・寺院は、貴族の喜捨で成り立っている。教会や寺院とつながりの深い貴種だけが、そこで神官僧侶から、高度な教育をうける傾向があったのが中世である。

ところが、日本では「寺子屋」なるものが発明された。牛若丸のように、寺社に数年住み込まなくても、世俗で通学教育をうけられるこの仕組みで、識字率が一挙に高まった。読み書き・そろばんぐらいなら、家庭でも教育するようになり、宗教的、超自然的な話だけではなく、実学を庶民が学んで合理的な考えをもつ日本人がつくられてきた。

ヨーロッパでは、啓蒙主義の時代というのがあって、一七〜一八世紀に、宗教権威を世俗の君主や知のエリートが否定して、合理的な思想をつくりあげる。しかし、同時期の江戸時代の日本では、エリートばかりか、庶民が家庭教育ですでに子弟の「啓蒙」を完了していた。ずぬけたリーダーや知の巨人は生まれにくいが、日本は、今日においても、一般人の常識的知識の発達した国である。江戸時代の歴史が財産になっているといえよう。

我々は「本が作った国」に生きている

日本の出版文化の充実ぶりは、世界を見渡しても類例がない。それは江戸時代の遺産といってよく、江戸日本は世界一の「書物の国」で硬軟さまざまな本が流通していた。

幕末史は書物で動かされた面があった。例をあげると、頼山陽《らいさんよう》の『日本外史』や『通議《つうぎ》』である。頼山陽といえば武家の興亡を書いた『日本外史』がまず有名で、『通議』もまた優れた政論の書である。日本は誰がどのように治めてきたか、歴史を繙《ひもと》きながら、いかにあるべきかを説いている。これによって江戸後期の日本人は時間のタテ軸による社会の変化のあり様を知った。また清《しん》の思想家・魏源《ぎげん》が著した『海国図志《かいこくずし》』というのもある。西洋列強が覇を競う世界情勢を克明に記したもので、もともとは清の国政改革を促そうとした書物で、これにより、日本人は空間のヨコ軸で世界で何が起きているかを知った。それが日本にすぐ入ってきて、阿片《あへん》戦争に危機感を募らせていた知識層に読まれた。佐久間象山《しょうざん》や吉田松陰《しょういん》は魏源から大きな影響を受けており、清よりも日本で真剣に読まれた本である。

軟らかい書物もたくさんあった。それこそ黄表紙《きびょうし》、人情本、滑稽本《こっけいぼん》などいろいろだが、実用的で面白いのが『吉原細見《よしわらさいけん》』である。これは今でいえば風俗情報誌で、吉原の妓楼《ぎろう》や遊女が細かく紹介され、廓内《かくない》の案内図付きで、遊女の格付けや料金まで書いてあった。一七世紀以降、各時代のものが残されており、これだけで一大研究ジャンルになっている。

当時の出版文化がすごいのは、江戸、京、大坂などの大都市だけではなく、各藩、各地域の村々にまで書物が行き渡っていたことである。武士・神主・僧侶の家に四書五経が揃っているのは当たり前で、むしろ庶民の家にも多くの書物があった。

江戸後期の人口はだいたい三〇〇〇万人、村は全国で五万といわれる。大雑把に計算すればひとつの村が六〇〇人、だいたい一〇〇軒の家があった。地方にもよるが、全体の一割以上は四書五経を揃えていたとすれば、庄屋の家はもちろん一村に一〇セット以上高価な教科書があったことになる。古文書を求めて農村を歩いてきた私の実感で、京や大坂に近いところではもっと多かったと思われる。

また、影響力において馬鹿にできないのが「謡本」の存在である。能や浄瑠璃の謡を本にしたもので、「いざ鎌倉」で有名な「鉢木《はちのき》」や近松門左衛門の「出世景清《しゅっせかげきよ》」などが載っている。戦前まで、日本では金持ちの旦那衆の趣味といえば謡であった。大人が謡をやれば子どももまねをする。謡が楽しいから、子どもたちも平仮名が読めるようになる。そういう学びの世界もあった。この「謡本」は全国に普及していたから国語の統一にも寄与したに違いない。

また、教育という意味では「往来物《おうらいもの》」も忘れてはいけない。寺子屋などで使われた教科書だが、もともとは手紙の文例集として始まったのが、次第に職業の心得や作法を書いたものが作られるようになり、『百姓往来』『農業往来』『商売往来』『問屋往来』『大工往来』……ありとあらゆる職業のものができた。

注目すべきは、貝原益軒《かいばらえきけん》の『養生訓《ようじょうくん》』である。日々の食事や薬の飲み方、心構えなどを説いた健康な生活への指南書で大ベストセラーとなった。この本がなければ保健衛生意識の高い日本社会も、長寿国家日本もなかった。それほど日本人の健康観に与えた影響は大きく、元禄《げんろく》期に書かれた本が大きな遺産を残してくれたといってよい。

つまり日本では江戸時代に出されたさまざまな本が、職業知識や礼儀作法、健康知識などのインフラを築いていた。そこが中国や朝鮮とは決定的に違う。中国や朝鮮には高度な儒教文化や漢方医学の体系があったが、科挙の受験者や一部専門家の知識に留まった。知識が女性や庶民の実学へ広がっていかず、閉鎖的なものになり、活字の儒書がむしろ女性や庶民を教養から遠ざけていた。

ところが日本では仮名交じりの木版出版文化で、本で女性や庶民へ実学が広がった。識字率の高い、労働力の質の高い社会ができあがった。いわば「本」こそが日本を作ったといってよい。大砲が日本を作ったのではない。すぐに大砲も自動車も自前で作れるようになったが、この日本人の基礎教養は、長い時間をかけて「本」が作り上げた。この点が重要である。

幕末の日本もまた、「本」が動かしたといってよい。

長州のイデオローグにして、松下村塾《しょうかそんじゅく》で多数の人材を育てた吉田松陰は、まさに万巻の書を糧として自らの思想を形成した人である。幼くして藩の兵学師範を務めた吉田家の家督を嗣《つ》ぎ、四書五経から山鹿《やまが》流兵学の『武教全書《ぶきょうぜんしょ》』まで徹底して叩き込まれた。平戸、江戸、東北と遊学する過程で、陽明学の葉山高行《たかゆき》、世界情勢の魏源、西洋の学問に通じた佐久間象山、水戸学の会沢正志斎《あいざわせいしさい》・藤田東湖《とうこ》、国学の本居宣長・平田篤胤《あつたね》……さまざまな書物を遍歴し、思索を深めている。

松陰は葉山や象山には直接会って師事しているが、基本は大量の書物を読み漁った「読書の人」で、アメリカ密航に失敗し、萩《はぎ》に戻されて投獄され、以降三年くらいの読書記録をみると、五〇〇冊近い本を読破している。本の流通なくして松陰は松陰にならなかった。

一方、薩摩の西郷隆盛も、情勢判断の知識と哲学は書物から得ている。ワシントン米大統領やナポレオンについて当時としては正確な認識を持ち、列強の動きにも詳しかった。そればかりか、西郷は禅もやったが、読書によって人格形成している。当時を代表する儒学者・佐藤一斎《いっさい》の『言志四録《げんししろく》』をまさに座右の書として持ち歩き、抜き書きまでしている。

佐藤一斎は美濃岩村藩出身で昌平黌《しょうへいこう》の儒官、今でいえば東大総長を務めた。弟子には佐久間象山、安積艮斎《あさかごんさい》、横井小楠《しょうなん》らがおり、象山の弟子だった松陰、勝海舟、坂本龍馬らは孫弟子にあたる。一斎は一八五九年に八十八歳で亡くなるが、後半生をかけて書かれたのが『言志録』など四編の箴言集《しんげんしゅう》で、それらを総称して『言志四録』という。

千を超える金言名句が収められており、西郷は特に一〇一を書き抜いて、西南戦争の最中も身につけていた。「一燈《いっとう》を掲げて、暗夜を行く。暗夜を憂ふる勿《なか》れ、只《た》だ一燈を頼め」といった一斎の言葉を拠り所としていた。

つまり長州も薩摩も、松陰や西郷が動かしているように見えて、実は「本」が彼らを動かしていた。「取り込み性」という日本人の特性がいかんなく発揮されている。漢学、国学、蘭学、洋学、何でも貪欲《どんよく》に取り込んでいく日本社会では、昔から「本」が主役であった。

だから少し前まで、本を開くときは頭の上に掲げて、決して床には置かなかった。本は大事なものとされた。

翻って現在、はたして本はそこまで大事な存在かといえば疑わしい。一年間に新刊が八万点も出ている状況は粗製濫造も甚だしい。新古書店ができるまで本があふれてしまっている。出版界が自分で自分の首を絞めているともいえる。

ネットの時代は誰でも情報発信できる。ネット空間には玉石混交の情報があふれていて、ほとんどは埋もれてしまう。埋もれないためには、粗製濫造ではなく、それなりの品質管理がなされた価値ある一書を出す必要がある。本が本としての存在感と信用・役割を取り戻せるか、今その分岐点に立っている。

日本が植民地にならず独立を守れたのは、単に遠い島国だったからではない。島国というならフィリピンもスマトラも、みな植民地になっている。日本が独立を保ってこられたのは、自らの出版文化を持ち独自の思想と情報の交流が行われたからである。歴史家としていいたい。この社会はその重みをもう一度かみしめなくてはならない。

今の出版界は経済学でいう「共有地の悲劇」を想起させる。苦しい出版社が粗雑本を濫造し市場に流し込む生存競争をはじめると悲劇が起きる。荒れ地になって牧草（著者）が育たなくなり、牛乳（いい本）も飲めなくなる。本を読んだり、著者になったりという国民リテラシーの総体が「肥沃《ひよく》な土壌」になるが、今は土壌自体が流出しかかっている。まずはいかにして「土留め」するか。ネット上の単純議論の蔓延《まんえん》の先にあるのは荒れた日本しかない。我々出版関係者は心して出版物を吟味し、良い著者を育て、最後の土留め砦《とりで》とならねばならぬと思う。

自宅で寄席は「先生」の務め

落語家を家に招いて一席やってもらう。それを自分がやるとは夢にも思っていなかった。事情を話すと長い。

私はなかなか結婚できなかった。古文書のオタクなのだから仕方がないと、あきらめていた。そのうち「そういえば先生の顔は春風亭昇太《しゅんぷうていしょうた》に似てますね」といわれはじめた。昇太といえば未婚をネタにしている落語家である。縁起でもない、と思った。世の中には「結婚できないがお」というのがあって自分はそれに生まれついているのではないか。恐ろしい不安に取りつかれた。ところが、変わった女もいて、あるとき突然結婚でき、子どもも生まれた。

その頃、立川談奈《たてかわだんな》という若手落語家が「らくごの芽」という勉強をかねた落語会をやっていた。ひょんなことから私はそれをききに行った。会場は六本木のストライプハウスギャラリー。そしたら客の一人が「あっ。『武士の家計簿』の先生がいる。柳家花緑《やなぎやかろく》さんとテレビの歴史番組をやっていた人だ」といった。この会を主催する席亭の画家・瀬知《せち》エリカさんから「磯田先生。せっかくだから何か話してください」と頼まれた。「では五分間だけ。落語に出てくる江戸の世について説明しましょう」となって、それから一〇回ちかく無料奉仕した。若い落語家を育てる会だ、といったら、しまいには俳優の矢崎滋《やざきしげる》さんまで出てくださって、いまでも頭が下がるのだが矢崎さんはいくらいっても交通費さえ受け取ろうとされず、その足で福島の被災地に行かれたのを憶えている。

そんなこんなで、私は立川談奈という二ツ目の落語家を「ひいきにする」ことになった。正直、談奈は要領のよい男ではない。立川左談次《さだんじ》という私の大好きな落語家に付いて、その若い頃の名前をもらっていたが気が弱そうで酒も弱い。あるときは「師匠と朝まで呑むのにつきあった」と、目を真っ赤にして高座にやってきて噺《はなし》の出だしを忘れ、「出だしを教えて！」と後輩にすがるような目できいて客を爆笑させたこともある。あとでこっぴどく席亭に叱られていた。

ただ談奈は人柄が好く芸に品がある。「心がきれいでないと良い噺はできない」とは柳家花緑からきいた柳家小《こ》さんの教えだが、応援したくなるかんじがした。高座がはねると呑みにも付きあったが、あるとき談奈がしみじみこういった。

「先生はいいなあ。結婚して可愛いお子さんもいて。あたしは先が不安」

たしかに談奈は私より二歳下の四十歳だったが独身である。その瞬間私は思い出した。昔は「先生」と呼ばれたら家に落語家を呼んでいたことをである。慶応義塾の小泉信三《しんぞう》は古今亭志《ここんていし》ん生《しょう》をひいきにし自宅に招いていた。吉田茂もそうで、志ん生は吉田邸にあがりこみ、電気蓄音機の上に座って落語をやった。でもこういうのは池田勇人《はやと》までだ(『志ん生讃江』)。「先生」が落語家を大事にしなくなってから日本がダメになってきた気もする。小泉・吉田のひそみにならって、いってみた。「じゃあ。談奈さん。三月三日に娘の雛《ひな》祭りを妻の実家でやるので、お礼は数万円ですがきていただけませんか」。

談奈はうなずいた。親子の情愛を語る「藪《やぶ》入り」や子どもでもわかる「権兵衛狸《ごんべえだぬき》」をやってくれた。なんと楽しい雛祭りであったことか。だが、この会も終わってしまった。最終回は古今亭文菊《ぶんぎく》という、ものすごくうまい若手が来たので、談奈がびびってまた噺の出だしを忘れやしないかと内心気をもんでいたが、そこはさすがにうまくやった。

二ツ目だった談奈も、今は真打ちに昇進して、とちらず立派に落語をやっている。

昭和初年の美容整形

江戸時代と現代の生活はかなり違う。明治時代になっても、やはり違う。洋服を着て、地下鉄の自動改札を抜け、百貨店に行って買い物をする。こうした今の生活は、いつ成立したのだろうか。

「大都市では」との前提を入れれば昭和初年である。東京の銀座から丸の内にかけて昭和ヒトケタの年代に、現代と変わらない生活様式が生まれた。

先日、あるテレビ番組に頼まれて、美容整形、なかんずく二重まぶたの整形が日本でどのように成立したのかを解説する機会があった。鼻を高くする隆鼻術は西洋のものだが、目を大きくする目の整形手術は、日本で発達した。江戸美人の目は横幅を要求されたが、ぱっちり縦に開いている必要はなかった。ところが、西洋の美人写真が入り、この国でも目の面積が大きいのが美人ということになった。

ここで日本に天才医師があらわれる。丸ビル眼科を経営する医学博士・内田孝蔵《こうぞう》である。内田は高遠藩《たかとお》（長野県）の藩校絵画教師の家系に生まれ、美術的感性をもっていた。この人がドイツに留学し、当時、世界最高の外科学にふれた。そして、この男が関東大震災に遭う。顔面やけどの患者の皮膚の引きつりをメスで治療するうちに手技が向上。目頭をWやZ字状に切開して、目を大きくする美容整形法を確立した。

この内田が「美人の数値化」を試みている点は興味深い。美人スターの写真を集めて解析。一般人の目は縦六〜九ミリ、横二四〜二八ミリだが、美人スターの目は縦一一〜一四ミリ、横三二〜三六ミリ。美人スターの目は一般人より縦五ミリ、横八ミリも大きいとした。

現代女性は、目を大きく見せるため、二重まぶたになるテープやのりを使っている。こういう物は昭和初年にはなかったのか。そう思って国会図書館に行き、戦前の『主婦之友』を読んでみると、あった。

昭和六（一九三一）年四月号に「進歩した医術と斬新《ざんしん》な器具とで……誰でも美人になれる新方法」という特集記事が組まれ、そこに「近頃、内田孝蔵博士が新しく作られましたものに、二重瞼《まぶた》の人に用ひて評判のよろしい睫毛《まつげ》がありますとあった。恐るべきことに「特殊な糊《のり》」で「二重瞼の人が二重の皺《しわ》に挟んで用ひます」というアイテープを兼ねた付け睫毛の写真まで掲載されている。つまり、昭和六年段階では一重を二重まぶたにするアイテープはなかった。しかし、二重まぶたの人が目を一層大きく見せるためのアイテープ付け睫毛はすでに存在していたのである。

この日本初、ひょっとすると、世界初のアイテープの価格が気になるのだが書かれていない。一方、丸ビル眼科での二重まぶたの整形手術費用は「二重瞼の整形は両目で廿五圓《にじゅうごえん》」と書かれている。二重整形は「直《す》ぐ」、複雑な目の整形も三〜四日間ででき、費用は「五十圓」以内でやっていたようである。当時の物価は、学校教師の初任給が五〇円たらず、ざるそば一三銭、カレーライス二〇銭である。昭和初年の一円は現代の五〇〇〇円、一銭は五〇円ぐらいの感覚であろう。

これからすると二重まぶたの整形費用は現代の感覚で一二万五〇〇〇円ぐらいになる。ちなみに現代のある大手美容外科の料金表をみると、二重まぶた手術は埋没法が両目で九万円。全切開法が同二五万円であった。

昭和初年には、目の整形手術も現代とさして変わらない値段でできたということだろう。東アジアでは、まず日本がドイツからの技術を入れて目の整形手術を発展させ、それが韓国・中国へとひろがって、歴史上かつてない整形身体加工の時代をもたらしている。

第5章　幕末維新の裏側

龍馬の書状「発見」二題

歴史の研究をしていると、とほうもない史料に、ばったり出会うことがある。先日も、テレビのニュースで坂本龍馬の書状が新たに発見されたとの報道があって、驚いた。お笑いタレントのバイきんぐがNHKのバラエティー番組の収録で街行く人に「お宝を探しているんですけど」と声をかけ、「ありますよ、坂本龍馬の手紙」といわれ、大笑いしてついていったら、生活用品を詰め込んだ棚の下から、本物が出てきた。父親が骨董好きで一〇〇〇円で買ったものだ、といっていた。

この龍馬の書状は掛け値なしで重要なものだ。私はかつて『龍馬史』という本を公にしたことがある。そこに、こんなことを書いた。殺される直前、龍馬の頭にあったのは、朝廷（新政府）が独自の経済基盤をもつには、どうしたらよいかであった。新政府が金札（紙幣）を発行し、通貨発行権を徳川家から回収してしまうことであった。それで、当時、この件に最も詳しい三岡八郎《みつおかはちろう》（由利公正《ゆりきみまさ》）という男に会いにわざわざ福井までいった。さらに、私は踏み込んで、龍馬はこの福井で徳川慶喜を擁護する発言を繰り返した点を強調する向きもあるが、それは違う。越前で行われたのは経済基盤の面からの「討幕」の会談だ、という評価まで下していた。

私は、この自分の見方に自信はあったものの、この時の龍馬と三岡の会談内容は、後年、三岡が回想録で語ったものしか残されておらず、一抹の不安はあった。本当に、龍馬は紙幣発行などといった突っ込んだ話まで三岡としたのか。いささか心配もあった。

ところが、今回発見された書状をみると、まさに、私が考えていた通りの会談内容と、はっきりした。うれしかったし、ほっとした。龍馬は三岡と新政府の「金銭国用＝財政問題を論じた」とはっきり書いていた。しかも「幕府の金の工面はただ銀座局（鋳造貨幣部）ばかりだったと、三岡が気の毒がっていた」とも記している。鋳造貨幣ばかりの幕府と違って、新政府は紙幣を発行しようと、この時二人で話したのは間違いない。

このように『坂本龍馬全集』にも載っていない未知の書状が出てくるのは「新発見」だが、もう一つ、過去に存在は知られていたが、現物が行方不明なものが「再発見」されることもある。その現場は感動的だ。

実は先だって、私は、長らく行方不明になっていた龍馬書状を再発見してしまった。それどころか、西郷隆盛の最重要書状も再発見した。鳥羽伏見《とばふしみ》の戦い(一八六八年)の時に、西郷が作戦計画を大久保利通に書いて送ったものだ。

それは一通のメールからはじまった。差出人をみると、大学の史学科の懐かしい先輩の名前。今は古美術商をしている、とあった。「坂本龍馬の書状らしきものがある。みてもらいたい」という。当然、興味はある。メールで画像を送ってもらった。一目みて「えっ」と思った。ありえないことだが、どうみても本物に似た筆跡。過去に知られている龍馬書状の写真版をあたると、あった。慶応三(一八六七)年八月二十一日に龍馬が岡内俊太郎《としたろう》(海援隊士)に送った書状だった。しかし、肉筆でなく複製品であっては困る。

その古美術商の先輩に「画像をみる限り、本物の可能性が高い。現物をみせてくれ」と電話したら、「どうぞ」という。果たしてそれは龍馬の肉筆であった。さらにそこで、驚くべきことに、私は西郷の書状も再発見してしまった。

龍馬が導いた西郷書状

「これです」。古美術商は私の前に大きな折本《おりほん》をひろげた。そこには江戸時代から明治維新期にかけての人々の肉筆が、綺羅星の如く集められ、貼り付けられていた。折本をめくると、次々に歴史人物の肉筆が現れる「手鑑《てかがみ》」になっている。

坂本龍馬の書状には古めかしい領収書が挟みこまれていた。伝説的な古書鑑定者の反《そり》町茂雄《まちしげお》の店のもので、以前の所有者は年収の半分ほどの金額で購入したらしい。このぶんなら、何が出てきてもおかしくない。

私は夢中になって頁をめくった。すると、出てきた。西郷隆盛の書状が。しかも、それは鳥羽伏見の戦いの時、西郷が作戦内容を大久保利通に書き送った最重要書状だった。内容は『西郷隆盛全集』第2巻に収録されているが、現物らしきものが出てきたのには驚いた。西郷書状の再発見である。

全集には鳥羽伏見の戦いが始まった「正月三日」と書き込まれているが、手元の書状にはなぜか日付がない。この点だけが謎だが、筆跡は西郷のものだ。

別の史料で、鳥羽伏見の作戦の意思決定過程はある程度わかっていた。開戦にあたり、西郷は長州藩と協議した。実は、薩長はこの戦いにすんなり勝てると思っていなかった。旧幕府軍の兵力は一万五〇〇〇と圧倒的。対する薩長新政府軍は五〇〇〇しかいない。旧幕府軍のフランス式歩兵が前に出てくれば、負ける戦いだった。

それで西郷らは、恐らく開戦前夜に「玉印（天皇）」を御しのびで山陰道に逃がしては、と協議していた。京都の朝廷には有栖《ありす》川宮《がわのみや》と岩倉具視《ともみ》が残り、天皇は外祖父の中山忠《ただ》能《やす》がお供をして西国へ逃がす。ただし、新政府軍の旗色が良く、大坂での戦いになるようなら、天皇のご動座はなしにする、と決めていた（『大西郷全集』）。

長州側もこの計画を了承。同藩の井上馨《かおる》（のち蔵相）が、長州の三中隊が、天皇の御しのびに同行するとの回答を持してきた。この回答書には、長州側の作戦計画も書かれていた。兵庫の西宮《にしのみや》付近にいる長州・岡山・大洲《おおず》藩の兵が、内陸に移動し、徳川譜代の丹波《たんば》篠山《ささやま》藩青山氏五万石を攻撃する。長州藩と岡山藩は、やはり徳川譜代の酒井氏の姫路城を落とす、とあった。

このとき、薩摩藩では、政治外交は大久保が担当。軍事作戦は西郷と軍略家の伊地知《いじち》正治《まさはる》が相談して決定していた。西郷は長州側からの作戦提案を伊地知に相談し、了承を得てから、大久保に作戦内容を知らせていた。

再発見の書状には、こうした事前の作戦計画からの変更点が記されていた。「一発直《すぐ》様《さま》、玉（天皇）を移しては大いに人心（士気）に関係するので、暫時は見合わせたほうがよくないか」。その線で、岩倉や同志の公家たちを説得してほしい、という書状であった。

旧幕府の大軍に勝てないと思っていた薩長は、どうやら戦場を鳥羽伏見に限定しておらず、兵庫県全域での戦いになると想定していたらしい。公家たちは天皇を幕府に奪われるのを恐れ、なるべく戦場から天皇を遠ざけたいとして、天皇を密かに山陰道に逃がす作戦を支持した。一方、西郷は、それでは士気が落ちると、大久保を通じて、そうした公家たちの説得にあたっていたことがわかる。

今回の西郷書状は新史料ではなかった。しかし、この書状を調べる過程で、自分が一〇年以上前にネット上で見つけ、買い取って押し入れに放置していた西郷書状？があったのを思い出した。それを調べてみると、大変なことがわかった。

西郷書簡と日本の歯科

一〇年以上前になるが、インターネット上で偶然、「西郷隆盛の手紙」が売られているのをみつけた。西郷隆盛の書は偽物だらけだが、宛名をみて、ピンときた。「土倉修《とくらしゅ》理助《りのすけ》様　西郷吉之助《きちのすけ》」。土倉修理助とは岡山藩の家老・土倉正彦《まさひこ》（一万石、新政府参与）。以前、土倉家の文書が古本市に出ていたのをみた気がするから、この書簡は、そのツレ（出所が同じ）で、本物の可能性が高い、と思った。

私の先祖は岡山新田《しんでん》藩とよばれた鴨方《かもがた》藩の藩士で、親戚一同この土倉とともに入京し、戊辰戦争に加わっている。西郷が岡山藩に宛てた書簡はその存在自体が珍しい。俄然、興味がわいてきた。とにかく、現物をみておこうと、この書簡を販売している京都の古美術店に行った。店主が「西郷南洲《なんしゅう》書簡扁額《へんがく》」を抱えて出てきた。やはり本物にみえる。ネット上で売られているのだから、放置すれば、誰かに買われ、故郷の岡山に戻らなくなる。私が買っておけば、いずれ岡山の資料館にでも収まるだろう。古文書は滅多に買わないことにしているが、思わず「いくらか」ときいてしまった。「九万五〇〇〇円」と店主がいうから、大金だが、背に腹はかえられない。高いか安いかその時分は、西郷書簡の相場などわからなかったが、買って帰った。

家で解読してみた。「御手紙くださり有り難く拝誦《はいしょう》しました。明日早朝に弊宅までお立ち寄りくださるとのこと、御手数になり、御礼申し上げます。いずれ御懇志にすがり、お待ち申し上げますので、よろしくお願い申し上げます。この分お礼言上《ごんじょう》かくの如く。正月十五日　西郷吉之助」(現代語訳)とあった。

これはおそらく慶応四(一八六八)年一月十五日の書簡だ。鳥羽伏見の戦いが終わって九日後だ。この日、西郷は岡山藩家老の土倉に会う必要があった。神戸事件である。鳥羽伏見の直後、岡山藩兵と西洋列強の軍隊が神戸の町で偶発的に衝突、交戦した事件である。

まず岡山藩の隊列をフランス水兵が横切った。隊長の滝善三郎《ぜんざぶろう》が制すると、短銃で狙ってきたので槍で突き、撃ち合いに発展した。運悪く、西洋列国の公使が近くにいた。

その頭上を弾丸が飛んだ。英公使パークスが「文明国にあるまじきこと」と激怒。仏兵・英兵・米海兵隊などが神戸一帯を占領する事態になった。背後を外国軍に占領されては、江戸の旧幕府軍を攻めに行くどころではない。

西郷は困った。事態収拾のため、岡山藩の家老と面談する必要があった。今回、調べてみると、この書簡はその時のものらしく、西郷の全集にも載っていない未発見の史料であった。西郷の文面はへりくだっていて実に丁重である。この時の交渉こそが、日本の新政府が最初に行った外交交渉だ。結局、新政府は岡山藩の隊長・滝善三郎一人を切腹させて決着させた。岡山藩は米海兵隊と最初に戦って、苦杯をなめた。

実は私の五代前、磯田由道の甥・高山紀斎《きさい》がこの神戸事件の現場、隊列中にいた。彼は今度こそアメリカに負けまいと思ったか軍人政治家をめざし米国に留学した。しかし虫歯になった。治療してくれた米国人に説得され進路変更。歯医者になり、帰国して現存最古の近代歯科医学校を創った。これが東京歯科大学になる。大正天皇の乳歯も彼が抜いた。

この記事のため、滝善三郎の子孫を探して、岡山市の広瀬町《ひろせちょう》に電話をかけたら、子孫が出て「滝家も、その後、代々歯科医です」といわれた。神戸事件は日本の歯科の発展につながったのか。戦争は痛い。虫歯を治すほうがいいにきまっている。くだんの西郷書簡は今も私の部屋にある。

「民あっての国」、山田方谷の改革

山田方谷をご存じだろうか。幕末明治の儒者である。農民出身。備中松山藩五万石で奇跡の藩政改革をなしとげた。一般には司馬遼太郎の小説『峠』などにでてくる越後長岡藩の河井継之助《つぐのすけ》が師に選び、その思想を育てた人物といったほうがなじみ深いかもしれない。

陽明学者の安岡正篤《まさひろ》が「古代の聖賢は別として、近世の偉人といえば、私はまず山田方谷を想起する。この人のことを知れば知るほど文字通り心酔を覚える」といった。安岡は「終戦の詔勅《しょうちょく》」に筆を入れ、存命中、元号平成の創案にも関与したとされる人である。

近年、方谷の経済思想に着目する経済人や官僚が増えている。全日空の大橋洋治《ようじ》会長は社内改革の前に方谷を学んだ。「これを精神の中に入れなければ、会社の構造改革ができないぞ」と思ったのは、「総じて天下のことを制するものは、事の外に立って事の内に屈してはならない」という方谷の言葉であったという。組織の内輪の論理でなく、「全般を見渡す見識を持って大局的な立場になって事をやる」と決意したという。

江戸時代には、藩政改革がいたるところで行われていた。しかし、歴史家の目からみて、全てが成功とはいえず、現代の参考になるものは少ない。江戸時代史のなかでは、方谷の改革が現代にも通用するレベルの高いものであった。そのことに世間が次第に気づいてきているのであろう。

幕末から昭和の敗戦まで、この国は西洋に植民地化されないために必死で国づくりをやってきた。薩長の藩政改革は富国強兵に成功し、彼らは強い雄藩、のちには藩閥になって、国権を握り、たしかに植民地化から日本人を救った。

しかし、国を強くするため、民を犠牲にする傾向が否めない。民あっての国、民のための国という視点に乏しかった。薩摩藩は強かったけれども領民の生活水準が他国に劣っていた実情は史料で何度もみた。藩によっては専売制をしき、民に作らせた産物を売り、藩は豊かになったが、民は苦しくなり、一揆が頻発した例も少なくない。

国と民の関係では、薩長より、薩長に滅ぼされた越後長岡藩の河井継之助のほうが志が高いかもしれない。河井は長崎の外国人との会話から「民は国の本。吏（役人）は民の雇（公僕）」との思想を学んだ。

薩摩の西郷隆盛は「小人（つまらぬ人間）は自分の利益を考え、君子は民の利益を考える」といった。たしかに西郷は偉い。しかし西郷には「上から目線」がある。「世上一般に十人に七、八人までは小人」などといった。小人の長所をとり、小職に用い、才芸を発揮させるのが、自分のような人格者の役目と考えていたふしがある。

この点、方谷は西郷より人物が大きいかもしれない。いや少なくとも謙虚であった。他人を小人よばわりしたらしい弟子の三島中洲《ちゅうしゅう》には「世に小人なし。一切、衆生、みな愛すべし」といって、戒めている。世につまらぬ人間などいない、みんな愛そう、といった。

こういう男の改革が、民を不幸にするはずがない。松山藩五万石の借金一〇万両をわずか一〇年で完済し、一〇万両の貯蓄を作ったが、きちんと民の懐もあたためた。藩内に、備中鍬《ぐわ》の製造など金属産業をおこし、大坂商人に中間で利を奪われぬよう、慎重に船で江戸まで運んで販売し、民に利をわけた。未来の産業成長につながる部門の育成は長期的に考え、資金を集中投下し成功した。

官僚化した組織は既存路線の踏襲でしか考えない。方谷はそれを改革した。「物事をかき分けてみなさい。今は葎《むぐら》（雑草）が茂っていても中に真っ直ぐな道がみつかるもの」といっている。至言といってよい。

吉田松陰の複雑な側面

ＮＨＫ大河ドラマ「花燃ゆ」は幕末長州藩の志士・吉田松陰の妹・文《ふみ》が主人公であった。吉田松陰役の俳優はイケメンの伊勢谷友介《いせやゆうすけ》氏。現実の松陰はどんな顔立ちであったのか。我々がよく見かける松陰の肖像画は門下生たちによれば、松陰に似ていない。きつね目すぎるのである。

そこで明治三十五（一九〇二）年、松陰の面影を最も残す木像が長州閥の人々によってつくられた。明治三十五年といえば、日露戦争の直前で西洋の強国ロシアとの戦いを前にしていた。この年、彼らは日英同盟、戦艦三笠と、松陰先生の木像を整え、ロシアと対峙《たいじ》しようとしていたのである。

この木像をみると、本物の松陰は、五代目の三遊亭圓楽《さんゆうていえんらく》師匠によく似ている。楽太郎《らくたろう》ではない。テレビ番組の「笑点」で司会をつとめていた先代の圓楽である。圓楽師匠は本名が吉河寛海《よしかわひろうみ》で、祖先は長州藩主毛利氏の一族・吉川経家《きっかわつねいえ》の三男の家系というから案外あてずっぽうではなく、毛利系の武士によく出る顔立ちなのかもしれない。松陰はああいう知的で博識な学者風の風貌で、圓楽のように話が楽しくうまかった。

松陰は何を謀るのも早い。明らかに天才であり、その目はこの世界を人工衛星から見ているのではと思われるほどである。のちの日本が歩むべき道を指し示してあっという間に処刑されていった「預言者」である。預言者であるからには預言書を残している。『幽囚録』という。松陰は伊豆下田に来たペリーの軍艦に小舟で漕ぎ寄せ、「海外留学に連れて行ってくれ」と、密航を企てた。一時間近く粘るが、失敗。獄につながれた。

その獄中、書いたのが『幽囚録』である。この書物で松陰は伊豆の「下田は我が邦の喜望峰なり」と書く。船舶は必ずこの港に寄る。外国に下田を占拠されたら海路をふさがれる。横浜を互市場《ごしじょう》（開港場）にするのがよい、とした。松陰は横浜を大都市にした恩人の一人なのかもしれない。

松陰は織田信長を高く評価していた。「信長は安土城を築くにおよび、西洋の法を参考・摂取した。そこで諸国が模倣し、城制が大いに変わった。西洋諸国は専ら銃砲で攻守する。それで築城が大変革したが、今の城は二百年前の遺制である。弾丸雨集《うしゅう》の衝《つい》立《たて》には危なくないか」。松陰は信長を西洋式の軍事技術、とくに築城術の先駆的な採用者とみなしていた。

松陰は「幽囚録」で提言した。西洋も参考にした巨城を伏見に築いて天皇京都を守れ。兵学校で砲銃歩騎の兵を操練せよ。方言科（外語学科）を置き蘭・露・米・英の原書を講じよ。それだけではない。「蝦夷を開墾して諸侯を封じ、間に乗じてカムチャツカ、オホーツクを奪い、琉球《りゅうきゅう》を諭して国内諸侯と同じく参勤させ、朝鮮を攻めて人質を取り朝貢させ、北は満州の地を割き、南は台湾・ルソンを収め、漸次進取の勢いを示せ」。

松陰の門下生とその後の日本はほぼこの通りに実行した。北海道開発・琉球処分・台湾出兵・日韓併合・満州事変・フィリピン占領だ。朝鮮には「吾《わ》れ（日本）がいかなければ、彼れ（列強）が必ず来る。吾れが攻めなければ、彼れが必ず襲う」（「外征論」）。だから進出する。それが列強を前にした当時の厳しい状況下での松陰の理屈である。

しかし、こういう松陰の複雑な側面の描写はドラマや小説では避けられてきた。主人公が帝国主義者か否かの議論になっては別の話になってしまうからであろう。本当はここに日本史をみつめる一番大切な論点がつまっている。

会津で戦死、若き親戚を弔う

会津に行った。仕事である。徳川宗家一八代当主の徳川恒孝《つねなり》氏、会津松平家一四代当主の松平保久《もりひさ》氏と「徳川家に息づく会津の魂」という鼎談《ていだん》をすることになって、まだ寒さの残る会津に入った。

それが終わった翌日、私には行くところがあった。実は幕末期、私の家の親戚が会津戦争で戦死している。私の高祖父は磯田弘道といい、これが当時の当主。その義弟、緒方益太郎というのが会津戦争で死んだ。享年二十二。会津でこの親戚の墓をみつけだし、誰かが行って合掌するのが、我が家の長年の懸案になっている。

というのも、この不幸な若い戦死者には弔う者がいない。私が大学生になって上京した時、親戚の老婦人がいった。「道史さん。緒方の最後の子孫のおばあちゃんに会っておきなさい。もう九十歳近いけど。東京の馬込《まごめ》にいるわ」。かつては丸善で英文タイプなどを打っていた職業婦人。頭はしっかりしているから、会えという。しかし四代前の遠戚である。大学生の私は行かなかった。ところが、それから、何年かしてその方が孤独死してしまった。「広大な家でご遺体になってみつかった」ときかされた。

それで、なんとなく、もやもやしていた。緒方家は岡山藩の上士であった。足軽（銃卒）を統率する司令になる家だった。そのため、幕末の緒方家の当主・緒方益太郎は動乱に巻き込まれた。益太郎の姉が私の高祖父の妻という遠い間柄。それだけの縁で墓参する必要はなさそうだが、どう考えても益太郎は気の毒である。ひとり故郷岡山を離れ、会津の地で寂しく埋まっていると思うと不憫である。緒方家は絶えて、親類では私しか墓参する人間はいないのもわかっている。そこで、墓を探すことにした。

私は福島出身の勝田《かつた》蕉琴《しょうきん》という日本画家のひ孫を妻にしており、ひとりだけ会津に親戚がいる。蕉琴の兄の子孫で、勝田多加志《たかし》さんという会津若松市の元図書館職員の方である。この人と会津戦争の西軍墓地で緒方の墓を探すことにした。会津では新政府軍を官軍とは呼ばない。官軍墓地は西軍墓地という。『幕末維新全殉難者名鑑』によると、緒方は会津の融通寺《ゆうづうじ》口で明治元（一八六八）年八月二十九日に戦死している。まず融通寺脇の西軍墓地を探した。

すると、あった。「官軍備州藩」とある墓に六名の岡山藩将兵が合葬されている。風化した墓碑を読むと二人目に「令官　緒方益太郎邦昌」。参る人もなく草に覆われていた。「やっと来ました」と言いながら草をむしった。

八月二十九日、岡山藩兵は会津若松城の外郭・融通寺口に胸壁を築いていたが、抜刀の斬り込みで有名な会津藩兵・佐川官兵衛の兵団が突撃してきた。先鋒の辰野源左衛門率いる歩兵隊に、岡山藩兵は蹴散らされ緒方はあえなく戦死した。

その状況はだいたい想像がつく。岡山藩の戦死者は六名中四名が司令以上。他藩にくらべて指揮官の戦死率が異常に高い。岡山隊トップ「監軍」の雀部《ささべ》八郎まで戦死している。岡山藩は軍装が古い。黒ずくめの服装の薩摩藩などと違い、上士が陣羽織など、きらびやかな服装で見分けがついた可能性がある。なまじ上士は真っ先に逃げるわけにいかない。逃げ遅れて狙撃されやすかったのではないか。

とにかく緒方たち岡山藩兵が、心底、会津藩を攻めたかったはずはない。会津藩兵も自国に攻め込まれたので必死で抗戦したにすぎない。二十二歳の若者が、こんなふうに死んで埋められ親戚が合掌しに来るまで一四八年。こんな馬鹿な話はない。昔は日本のなかでもこんな愚かなことをやっていた。いま、一五〇年たって、少なくとも国内では、いくさの殺し合いはない。人類は、だんだん学んでは、きている。ただ、世界をみると、まだいくさはある。それでも、豊かになると金持ちケンカせずで、金持ち国同士のいくさは、とみに、なくなる。いつの日か、人類はいくさをやめる。そう信じたい。

維新の京都、民衆の肉声

これは武士の家計簿以来の大きな発見だ！　と思った。ある日、私は京都寺町二条を歩いていた。そこには日課のように通っている古本屋がある。店に入るなり「今日は何かありますか」と、魚でも買うように店主にきいた。ここの店主は若い女性である。心得たもので私が江戸期の「筆写本」をさがしていると察し、屑紙《くずかみ》のなかをさぐって「せや。これや。これなんやろ」と、厚紙と紐で綴じられた一冊子を差しだした。

表紙には「戊辰歳分《ぼしんのとしぶん》　箱訴《はこそ》　九冊之内　庶務掛《しょむがかり》」とあり、ある頁には「堀川目安箱」という朱印が押されている。私は我が目を疑った。これは……もしかして。思い当たるふしがあった。

一〇年前、私は読売新聞の読書委員をしていた。その時、特別編集委員の橋本五郎さんがいった。『目安箱の研究』という本を書評したら著者から手紙を貰った。その内容が一番うれしかった」。私はうれしくなって「その本なら私も持っています。立命館大学の大平祐一先生が書かれた本。目安箱だけを研究した珍本です」と答えた覚えがある。たしか、その本には、明治新政府も目安を民衆から集めた、その箱は京都堀川にも置かれた、と書いてあった。

私は古本屋の店主にいった。「これは大事なものです。おそらく京都府庁から外に出たもので、まだ戊辰戦争がたけなわの頃、明治新政府が設置した目安箱に投函《とうかん》された訴状の原本を綴じたものです」。そして、店主に思い切っていった。もっと研究したいから、ぜひこれは売ってくれと。すると、店主は「せんせのお役にたつんやったら」と、すんなり売ってくれた。きけば、この史料は意外にも滋賀県の家から出てきたらしい。明治大正期の領収書の束のなかに交じっていたという。「九冊之内」とあるからあと八冊あったはずだが、京都府庁の庶務掛から流出するうちに失われた可能性が高い。

内容が気になる。家に帰ってむさぼり読んだ。面白い。維新時の京都付近の民衆の肉声がきこえてくる。数えてみると、全部で三四通の書状が綴じられていた。全般的にみて、書状を投げ込んだ民衆は維新でできた新政府自体は支持していたようである。しかし、不満もあった。

多いのは新たに発行された紙幣（太政官札）への異議申し立てである。朝廷への信用だけで高額紙幣を発行しすぎ。少額面の発行にとどめて欲しい。貨幣の混乱状態をどうにかして。このように陳情する。さらに討幕勢力は攘夷《じょうい》をうたっていたのに、政権を獲ると、外国人を国内に入れ、貿易を盛んにしはじめたのも民衆には理解できなかったらしい。外国貿易を制限し外国人があまりこないように、と要望している。さらには、新政府へ出仕する諸藩からの役人が派手に京都で遊興し、「大酒乱行、女色に耽《ふけ》り」はじめたと、苦言を呈する者もあらわれた。そういう者は「速やかに取りかへ」てくれ、と訴えている。

二〇一八年は明治維新から数えて一五〇年にあたる。大河ドラマも「西郷《せご》どん」であり、西郷隆盛が主役。私はその時代考証をひきうけた。しかし、維新史から「民衆」の視点が抜け落ちてはいけない。これまで明治維新といえば、坂本龍馬や桂小五郎といった志士たちが主人公とされてきた。私も『龍馬史』という本を書き、龍馬の目から維新を描いた。しかし維新がすすむなかで、この国の民衆が何をもとめ何を考えていたのか、民衆や住民をおいてけぼりにした「維新の顕彰」は一面的でまずい。史料は発見したが自戒の念も深くなった。

第6章　ルーツをたどる

全人類のなかで

全人類のなかで、日本人は何パーセントを占めてきたか。先日、それを考えてみた。この場合の日本人とは、日本列島に住む人というほどの意味である。つまり、歴史学者らしく、日本人口の長期的趨勢《すうせい》を千年単位で考えてみたのである。

その結果は、驚くべきものであった。日本人口の長期動向は、鬼頭宏《きとうひろし》（現・静岡県立大学学長）の推計が知られている。西暦二三〇年＝卑弥呼時代の「世界人口は二億人」（Colin McEvedy and Richard Jones, 1978）である。当時は中国に〇・六億人、インドに〇・七五億人、全欧州に〇・三五億人が分布していた。卑弥呼時代の日本人口の世界シェアは〇・三％にすぎない。卑弥呼は人口比で一〇〇倍、経済力で数百倍の中国に対していたのである。

年	世界人口	日本人口	世界シェア	備考
230	2億人	60万人	0.30%	卑弥呼の弥生時代
1700	6億人	3000万人	5%	徳川綱吉の元禄時代
2000	60億人	1億2000万人	2%	現在実績
2100	110億人	8300万人	0.75%	国連予測

同じように、日本人口の世界シェアを調べてみると、上の表のようになった。

つまり、日本人口の世界シェアが最高になったのは、犬公方《いぬくぼう》とよばれた徳川綱吉《つなよし》や赤穂《あこう》浪士の元禄時代であって、この時、世界の二〇人に一人（五％）が日本人であった。卑弥呼の時代は三三〇人に一人しか日本人ではなかったのだから、よく増えたものである。ところが、堺屋太一氏が元禄時代を「峠の時代」とよんだ通り、この頃から日本人口の世界シェアは低下し始める。現在は二％だが、二二世紀の門口にあたる西暦二一〇〇年には一％を切って、古墳時代の日本ほどにそのシェアを低下させると、予測されている。

おそらく将来、江戸時代は日本の栄えた時期として、憧憬《しょうけい》の念をもって回顧されるであろう。江戸時代の国際的実力はたいしたものである。アンガス・マディソンは、世界中の過去の国内総生産（GDP）推計で知られるが、江戸時代後期（一八二〇年）の先進主要国のGDPを推計している。それによれば、当時のアメリカのGDPを一とすると、日本のGDPはアメリカより経済大国で一・七五倍、オランダは〇・三倍、イギリスは二・八倍である。さすがに一八五〇年になると、アメリカのGDPは日本の二倍近くに達するが、幕末日本は経済的にアメリカに対抗する力が十分にあり、武器はいくらも買えたから、実は、黒船ペリー艦隊は恐れるに足りなかった。ちなみに、昭和になって、日本がアメリカに戦争を仕掛けたときの、日米のGDP差は一対四・五（一九四〇年のGDP比較）。工業力ではもっと差が大きかったから、これは無謀である。

世界銀行は、二〇五〇年、中国・米国のGDPは日本の約八倍、インド・EUは約五倍になると予測している。さてこの島国の世界シェアに占める人口ピークは一七〇〇年、軍事ピークは日露〜満州事変、経済ピークは購買力平価で中国よりGDPが大きかった一九七〇〜二〇〇〇年頃でもう過ぎた。そして、この国はもはや大国と軍事対決できる経済的実力はない。経済の世界シェア＝量が低下するならば、質を高めるしかなかろう。小国化しても良質の「価値」を保つ国のあり方を研究しなくてはなるまい。

隠された「宇喜多」姓

「浮田尚家。うきた・なおいえ？」。電子メールの差出人はそうなっていた。一瞬、我が目を疑った。「うきた・なおいえ」といえば「宇喜多直家」。岡山の戦国大名か。関ヶ原合戦で敗れ八丈島に流された宇喜多中納言秀家は、その息子だ。私のところには「忍者」からもメールがくるが、まさか戦国大名からメールがくるはずはない。しかし、字が違う。ただ、思い当たるふしがあった。

以前、東京・青山の焼酎バーで不思議な男に出会った。浮田という名で「自分は宇喜多秀家の子孫。古文書もある」といった。その古文書の画像を送ってもらうと、驚いたことに、宇喜多秀家の遺児が九州にのがれ、熊本藩細川家に仕えるまでを記した史料であった。ところが、私は引っ越しでその人の連絡先をなくし、画像の入ったパソコンも故障してしまい、それっきりになっていた。

あのときの浮田さんの縁者ではないか。そう思った。私は「浮田尚家」さんに電話をかけた。やはり、あの浮田さんのご本家であった。しかし、お二人は遠縁にあたるものの、面識はなく、メールしたのはご自身の判断だった。自宅に古文書が沢山あり、後世に残す方策をさぐっているという。

四月中旬に都内のご自宅にうかがうと、本物の紳士が出迎えてくれた。明治以後、浮田家が名士を多数輩出したのは知っていた。早稲田大学の政治学の基礎をつくった学者・浮田和民《かずたみ》もこの家系から出ている。実は橋本龍太郎元首相も親戚で尚家さんの父が元首相のハトコにあたる。

しかし尚家さんはそんな話は一切しない。まことに品がよく名族のたたずまいがある。聞いてみると「浮田家は明治以後、代々軍人で、自分も防衛大学校を出て海上自衛隊にいました」という。制服組らしく、どうりで座った姿勢がピンとしている。

早速、古文書をみせてもらった。熊本藩細川家は「先祖付」という冊子体の家の履歴書を藩士に提出させている。その控えがあった。それに奇妙な別紙が挟みこまれている。以前、バーの浮田さんに送ってもらったのは、この別紙の部分のようだ。

細川家では、藩の公式文書の「先祖付」に徳川家に敵対した「宇喜多秀家の子孫」とは書くのを禁じたらしい。「私先祖、豊前（大分県）宇佐《うさ》郡吉本村浪人・浮田太兵衛と申す者」とだけ書かせていた。浮田家はそこで考えた。先祖付の冊子に取り外し可能な別紙をつけ、そこに、こう記した。

「宇喜多太兵衛儀、秀家の子にて二歳の時、豊前国宇佐郡山本村え、家人の者、養育いたし、盛（成）長の後、十五歳、黒鍬《くろくわ》召し抱えられ、御国（肥後）え御入国の節、御供にまかり越し、のち苗字御免仰せ付けられ、栗田太兵衛と改め候」

別紙には、はっきり先祖は宇喜多秀家の子と書いてあった。家臣の胸に抱かれて大分の宇佐まで逃げ、そこで養育され成長したという。「先祖付」によれば、この遺児は同地の明円寺《みょうえんじ》の世話で細川家に侍として仕官しようとしたが断られた。やむなく十五歳で細川家の土木作業にあたる「黒鍬」になった。苗字のない、ただの「太兵衛」として採用されたのである。

その後、苗字を付けるよう命じられたが、宇喜多の名字ははばかって「栗田」と改姓した。その子は（熊本県）玉名《たまな》郡長須《ながす》村で農民となり、子孫が「零落」。それでもがんばって熊本へ出て、細川家の長柄《ながえ》（槍）足軽になったという。この人が殿様の煙草係になり、関ヶ原から一〇〇年以上たって、ようやく武士の世界に戻れている。

この話が本当だとすれば大変な苦労話である。細川家にしてみれば徳川の敵・宇喜多の子孫を採用すれば幕府に睨《にら》まれる。そのせいで宇喜多の子孫は宇喜多（浮田）姓も名乗れずずっと「栗田太兵衛」として苦難の道を歩んだ。この家が再び浮田の姓に戻れたのは、なんと明治三（一八七〇）年十一月のことであったという。

黒田家は播磨から流浪か

福岡藩主黒田家の祖・黒田官兵衛の話だが、一つ問題がある。現代歴史学の粋を集めても官兵衛の父祖の足跡がはっきりわからないのだ。

近世初頭は黒田家自身がどこの出身か正確にわかっていなかった。急に貴族化した黒田家は幕府に先祖報告（『寛永《かんえい》諸家系図伝』一六四三年編纂）の提出を迫られ、「近江《おうみ》の名門佐々木源氏が先祖」としたが無理がある。結局、系図がつなげられず、正直に「此間中絶」と書いた。恥ずかしい、なんとか系図を佐々木家につなげたい。黒田家はそう思ったらしい。『養生訓』で知られる同藩士の貝原益軒に『黒田家譜』を編むよう命じた。

ところが、貝原は偽系図・文書にだまされてしまった。黒田家を佐々木家につなげる古文書を作ったのは沢田源内との説がある。沢田は農民だが顔立ちは良く門跡寺院に潜りこみ学習。「佐々木家の嫡流」を詐称し、武士への仕官を画策。佐々木家（六角家《ろっかく》）の八〇年分の日記を偽作したともいう。

とにかく『江源武鑑《こうげんぶかん》』は偽書で益軒はこれをさかんに引用。主君黒田家を近江の名門佐々木氏の一族とし、合戦で室町将軍の怒りを蒙《こうむ》り、近江から備前福岡（岡山県）へ流浪。のち播磨《はりま》姫路城主になったと『黒田家譜』に書いた。

この記述にのちに異説がでた。播磨には黒田庄（兵庫県西脇市）があり、「そこの古城が今の筑前《ちくぜん》国主（黒田家）の御先祖の城跡」との伝承だ（『播磨古事』）。黒田家は近江国→備前国福岡→姫路と流浪した一族ではなく、黒田庄→姫路と移動した「播磨の地元豪族」との説がささやかれている。

ただ、これだと、黒田家が博多近くの福崎《ふくざき》に築城した際、祖先の出身地・備前福岡になぞらえて福崎の地名を福岡に改めたことが説明できない。福岡の地名の初出は一六〇二年に官兵衛が記した「如水《じょすい》公夢想連歌」とされる。

これに関して私は二〇一三年末、偶然、手がかりをみつけた。岡山市に帰省中、六〇〇年ちかく続く金万《こんま》家の豪族屋敷に呼ばれて古い系図類をみていたら、突然鳥肌が立った。「女　備前福岡ノ黒田太郎左衛門妻。元禄十二己卯《つちのとう》（一六九九年）八月十七日。行年八十一歳」とあった。一六三〇年頃に金万家と縁組した黒田姓の豪族が備前福岡にいたのが確実。しかも、この女の叔父「金万平右衛門景成」は「(黒田家の重臣) 後藤又兵衛の手につき」大坂の陣に参戦していた。この黒田太郎左衛門は福岡藩黒田家の分流か。

考え込んでいると、一九七二年に倉敷史談会の松林保石氏が『倉子城』という雑誌に興味深い話を載せているとの情報を得た。これによれば、一七一一年に福岡藩三代黒田光之《みつゆき》の子綱政《つなまさ》が、備前福岡の黒田庄左衛門と息子・与衛門に面会。銀一貫(銀貨三・七五キログラム)を与えたという(「石津神社神官・岡井越前の見聞録」)。今なら四〇〇万円ほどの見舞金だった。

幕末の一八四五年頃には、備前福岡の黒田一族の武右衛門が福岡藩に乗り込み、親戚待遇を求め、藩がやんわり去らせる事件が起きたとも。武右衛門は一八七〇(明治三)年に死去。その孫は黒田高三郎氏といい、大日本紡績の常務さんで一九六八年まで存命、ご一門は兵庫県宝塚市周辺で発展とあった。

官兵衛の先祖の近江出身説は根拠が薄そうだ。おそらく黒田庄・姫路など播磨の地元出身だろう。嘉吉《かきつ》の乱(一四四一年)など室町期の内乱で播磨や備前を流動し、備前福岡にいた可能性が否定できない。播磨出身→備前福岡居住経験あり→姫路移住なら、幾分、根も葉もある話になりそうである。ひとまずそう考えておきたいが、いかがであろうか。

福岡藩主のミステリー

前項、黒田官兵衛の先祖が、どこからきたのか、という話を書いた。興味深い情報提供があったので、続きを書いておく。

福岡市博物館の宮野弘樹さんが「享保《きょうほう》三（一七一八）年にも岡山城下の医者・黒田正庵が、福岡藩主黒田家親類だと申し立てて、やんわり追い返されたた」ことがあったと教えてくださった。この医者は系図をもっており「黒田太郎左衛門・庄左衛門・四郎左衛門」の子孫を名乗っていた（「福岡藩主黒田家の系譜の変遷について」『市史ふくおか』6号）。前項で、私が指摘した備前福岡（岡山県）の農民・黒田太郎左衛門の家系につらなる者が江戸時代を通じて黒田家への仕官活動を繰り返していたようである。

さて、今回詳しくみたいのは、前回も触れた一七一一年の面会である。福岡藩四代藩主黒田綱政と、黒田家の子孫を名乗る備前福岡の農民・黒田与衛門が面会したとされる正徳《しょうとく》元（一七一一）年に綱政は死んでいる。私の中に一つの懐疑がうかんできた。「死ぬ直前の藩主が、参勤交代の途中、岡山の農民に面会する暇があるだろうか」という疑念である。

そこで、綱政の死の直前の記録はないかと探してみた。『黒田新続家譜』という記録によると、綱政は「正徳元年。五月十六日福岡に帰着。その後、風露におかされて、悪寒発熱し、例ならず病苦した。侍医は様々湯薬をすすめ、保養したが、効験も見えず、日を経るにつれ重くなり、六月十八日申刻（午後四時）に逝去した。年五十三」（現代語訳）。

どうも綱政は正徳元年五月十六日に九州の福岡に帰ってきたらしい。あれっ、と思った。私が入手した「石津神社神官・岡井越前の見聞録」についての史料には「正徳元年五月廿二日松平安芸守《あきのかみ》綱政公は黒田庄左衛門の息子与衛門を召して、種々慰労の言葉をかけ、銀一貫を下賜」とあった。

文中、「安芸守」とあるのは「筑前守」の誤りであろう。それだけではない。たしかに綱政は五月に山陽道を下って備前福岡を通過した可能性はあるが、農民の黒田と面会したとされる二十二日には、とっくに九州の福岡に到着して、重病になり始めていた。日付の間違いでなければ、二人は面会できない。

さらに、この綱政という人の死には謎が多い。昭和二十五（一九五〇）年、福岡市の崇福寺《そうふくじ》で黒田家の墓所の縮小移転が行われ、綱政の遺体が発掘されたが、なんと彼の遺体はミイラにされていたのである。発掘を目撃した東大史料編纂所員・今枝愛真《いまえだあいしん》氏が「黒田綱政のミイラ」という文を雑誌『日本歴史』に寄せている。「綱政の遺骸《いがい》そのものが整然たる体裁を具備した埋葬時のままの形で出て来た（中略）全身は白布で捲《ま》かれてゐる」。

綱政がミイラにされたのは、もっと早くに死んでいたのを秘したためとの説もある。とすれば、なおのこと岡山の農民とは面会できない。江戸時代、領民は自分の由緒を飾るため、しばしば、いいかげんな史料や言い伝えを残している。裏の裏まで調べると歴史の闇は深いと、つくづく思った。いよいよ、わからなくなってきた。これ以上、深入りすると、もっと恐ろしいものをみてしまいそうで気味悪くなってきて、私は、ひとまず、この調査を打ち切ることにした。

忍者子孫たちとの交流

ある日、甲賀忍者の子孫たちが、私のところにやってきた。お願い事があるという。忍者の子孫はこういった。

「一五八二年、本能寺の変の時、徳川家康公は堺（大阪府）にいた。信長が死んで治安が悪化。明智光秀や現地民に殺されてはたまらない。神君家康公は忍者に助けを求めて甲賀伊賀を越え、伊勢白子《しろこ》の浜に出て海路、領国の岡崎城へ逃げ帰ったのは先生ご案内の通り。ついては、四三四年ぶりに、家康公の嫡流のご子孫と、バスを仕立てて、この『神君甲賀伊賀越え』を再現したい。先生から、徳川宗家一九代の家廣《いえひろ》さんにお願いいただけませんか」

驚いたが、徳川宗家にとっても旧功の者の子孫である。甲賀者は関ヶ原合戦の直前、伏見城に少数で籠《こ》もって西軍一〇万を引き受け、なぶり殺しにされている。その甲賀者の墓前に徳川宗家が手を合わせれば、彼らも浮かばれるだろう。そう思って、恐る恐る家廣さんに伺いを立てると「行きましょう」とおっしゃった。

それで、徳川家廣さんと甲賀忍者の子孫ら忍術研究会の皆さんをバスに乗せ、私が解説をしながら、家康公がたどった甲賀伊賀越えのルートを進んだ。家康は、なぜ無事に伊賀を越えられ命が助かったのか。伊賀越えの前年、伊賀全土は信長による忍者の大虐殺を経験。信長の同盟者であった家康が、ここを無事に通過できたのは奇跡に近い。

その理由を、大久保彦左衛門『三河物語』はこう書く。「信長は伊賀国を切り取り、撫《な》で斬り（全住民殺害）にして、諸国に落ちのびた者まで捕えに捕えて成敗した。その時、三河へ落ちのびてきて、家康に庇護《ひご》を求めた（伊賀）者を（家康は）一人も成敗せず扶助を与えていた。それで伊賀国内に討ち漏らされていた者は、かたじけない、恩返しをせねば、と思っていて（家康を援《たす》けて難路を）送ってくれたのだ」。

この旅が終わったところで、伊賀からきたという男が近づいてきた。「高校の英語教師で池田裕といいます。先生、本日お時間ありますか」。なんでも、この先の関という宿場の餅屋さんが「服部《はっとり》」といい、忍者の子孫で、古文書があるという。「行く！」と私は叫んだ。

行ってみれば、服部家は「関の戸」という餅で有名な餅屋さんであった。二階にあがれば、本居宣長、佐々木弘綱、信綱など伊勢国学の大家の自筆物が山ほどある。さらに探すと、服部家の歴史を記した古文書があった。なんと一五八一年の信長の伊賀虐殺（天正伊賀の乱）の前後のことが書いてある。

当時の服部家は信長の手が伊賀に及べば一大事と、まず伊勢長島の一向一揆に参加して信長に抵抗。ところが信長は大軍で伊賀を攻め、服部家の当主や成人男子は悉《ことごと》く虐殺された。生き残ったのは二歳児のみ。そこで服部家の家来九人はこの嬰児《えいじ》を抱えて「宝飯《ほい》郡西方《にしがた》村（現・愛知県豊川《とよかわ》市）に落行、この所にて暫《しばら》く潜居」したという。ここは家康の領地、やはり家康は伊賀者を保護していたのだ。私はその証拠をみつけてうれしくなった。

その後、服部家は故郷に戻り、庄屋のち餅屋をはじめた。江戸後期の服部家の日記があった。見て、びっくりした。福井県の敦賀《つるが》まで旅行して北前船《きたまえぶね》の船員から聞いたのか、アイヌ語の辞書を作っていた。さすがに忍者の子孫だ！　その辞書の写真を撮らせてもらい、売り物の餅をたべさせてもらって、上機嫌で家に帰った。

浦上玉堂と磯田家

江戸時代の文人画家・浦上玉堂《うらかみぎょくどう》（一七四五〜一八二〇年）と私を強いてつなげれば、祖母・磯田鋤《すき》のいとこ丹羽彦熊《ひこくま》が玉堂のひ孫のひ孫・成田浄子《きよこ》と結婚している。また曽祖父・磯田淳《きよし》の大おば・緒方錠子《さだこ》が玉堂のひ孫・成田元美《もとよし》と結婚している。浦上家も私の生まれた磯田家も鴨方藩という表高二万五〇〇〇石の小藩の家臣で知行取《ちぎょうどり》の上士は十数人しかいない。藩内結婚が多いから縁続きになる。調べれば、他にも関係がみつかるだろう。

それに私の家は浦上家と藩内の政治的立場も近かった。玉堂の大伯母・お常は鴨方二代藩主・池田政倚《まさより》を生んだ。政倚晩年の寵臣《ちょうしん》となって毎度狩猟の供をし、病むと臨終の床まで一か月半昼夜付き添ったのが、我が家の二代目・磯田定益《さだます》である。この定益は政倚が岡山で危篤になると、丹澤藤右衛門（玉堂の伯母の夫）から「江戸へ急使」を命じられ七日足らずで三代藩主・池田政方《まさみち》にその報を伝えている。次の四代藩主・池田政香《まさか》の時代までは浦上・丹澤・磯田が藩主に寵愛された。磯田定益は禄を加増され一二〇石に昇進し、玉堂こと浦上兵右衛門は九〇石の大目付となった。我が家の五代目・磯田虎之介（則之《のりゆき》）十五歳が、大目付時代の玉堂に提出した履歴書の控が、今もうちにある（「磯田家先代御奉公品書上」）。

ところが、池田光政公の再来、明君とうたわれた政香が二十七歳で夭折《ようせつ》すると、藩政が一変した。学芸を重んじ、経世済民の倹約政治をやる寛政期《かんせい》（一七八九〜一八〇一年）の理想はついえた。政香の弟・池田政直《まさなお》が五代藩主になったが、玉堂や定益はそりが合わなかったらしい。定益は隠居し、のち蟄居《ちっきょ》謹慎処分となる。玉堂は妻の安が亡くなると鴨方藩を脱藩した。可哀《かわい》そうだったのが玉堂長女の之《ゆき》である。岡山本藩の成田充美というのちに御蔵奉行になる男に嫁いだが、母は死に、父は脱藩して出産するにも実家がない。「（成田）元譲を生む。即日卒す」（「成田家譜」）と、男子を生んだが、その日に死んでしまった。二十二歳であった。

しかし、この玉堂の一人娘が命と引きかえに岡山に男の子をのこしたため、私の家系と玉堂の子孫に細いつながりができることになった。玉堂のひ孫のひ孫の成田浄子さんはとっくに亡くなられたが、私の父母の結婚式にもきてくれた、と聞いている。

先年、私も京都に移り住んだ。偶然だが、玉堂と同じ「柳馬場《やなぎのばんば》通り」に住むことになった。その直後に発見があった。ある日、京都の古書画商・山添天香堂にいくと、一双の「貼り混ぜ屏風《びょうぶ》」があった。他の画家と一緒に浦上玉堂、子の春琴《しゅんきん》・秋琴《しゅうきん》、曽孫の成田元美の書画が張られた屏風で、そのなかで史料的に面白そうだったのが、秋琴の「山風巡図」と題した山水画であった。「九童巽」と署名しているから九歳時の作らしい。また「八歳紀巽作」と署名した秋琴八歳時の書もあり「清斎幽閑時々暮……秋風吹木葉」などと書いていた。おそらく秋琴の最初期作で、売れてよそにいってしまっては岡山の公的機関で展示できるかおぼつかない。それで購った。カビの処理などを終え、皆様の研究や公開の用に供したいと考えている。

中根東里と司馬遼太郎

中根東里《とうり》（一六九四〜一七六五年）という儒者は「徳川開闢《かいびゃく》以来、希有《けう》の才である」と江戸後期の鴻儒碩学《こうじゅせきがく》は絶賛し、明治に井上哲次郎が、昭和に安岡正篤が「陽明学者」として若干紹介しているが、今日では忘れ去られた感がある。若いとき、おのれの名が残らぬよう、作品を燃やして隠れつづけ、自分の存在を消したのだから当然である。伝記もなかったから『無私の日本人』（文藝春秋）で取り上げた。ただ、中根はすごい。驚くべきことに、鎖国下の元禄日本で「唐音《とうおん》」を知り、自在に操れた希有な存在だった。唐音とは中国語のことで、この天才児は伊豆下田の貧乏寺で小坊主をしていた時、経文の漢文には本来の音があることに気づいた。寺を飛び出し、中国僧のいる黄檗山萬福寺《おうばくさんまんぷくじ》をめざし、当時の日本人としては珍しく、中国語を身につけた。それだけではない。年少にして、大蔵経《だいぞうきょう》全巻を読破した。最澄《さいちょう》・法然《ほうねん》・日蓮《にちれん》のごとき聖人の行である。これだけ読書をして「音」がわかっているのだから、彼の体から湧き出る詩は超絶していた。古学派の荻生徂徠《おぎゅうそらい》が近づいてきて中根の唐音知識を利用した。書の大家・細井広沢《ほそいこうたく》も朱子学の室鳩巣《むろきゅうそう》も、中根を自宅に連れ込んだ。中根は、それほどの学者であったのに、どこにも仕官しなかった。大学者がこぞって学問をメシの種にして高禄をもらっていた時代、これは珍しかった。中根は、自分の手で物を作ってそれを売り食べることにしていた。資があれば、読書をし、資がなくなれば、竹の皮で草履を作って、道端で売って喰らう暮らしをした。人々はこれを目して「竹皮草履先生」といったという。こんな儒者は日本史を通じていない。

こんな風だったから、中根には妻がなかった。だが、子どもは不思議なほどに慈しんだ。あるとき、人がきて「わたしの村の寺子屋の師匠になってもらえまいか」といい、中根は下野《しもつけ》国の佐野の「植野《うえの》」という小さな村に庵を結んで子どもを教えて暮らした。そこで飢えて死にかけた幼い姪を引き取って二人でいた。日本一の学識、中国語までそらんじる最高の哲人が寒村の寺子屋の師匠をしていた。その講義は、どこにもないものであった。肉親を失った者の悲しみには「出る月を待つべし。散る花を惜しむことなかれ」と優しくいった。貧富にこだわる者には「水を飲んでも楽しむものあり。錦をきて憂えるものあり」と諭した。中根の思想は大きい。「人説」という文章を残し「天地万物は一体もので、宇宙即ちこれ人。人即ちこれ宇宙」と説いた。天から日光がそそぎ雨が降れば山川草木鳥獣が生じる。人間もその一つ。日も月も草木鳥獣もスッポンも一物として我が物でないものはない。だから、人に教えたり戦争や乱暴を禁じたりイジメをなくしたりするのは、ちっとも他人事ではない。自分の病を治しているようなもの。聖人の学は、それに気づいて立ち戻るだけのこと。まことに簡単。そう子どもたちに語っていたという。中根の名はこの村で後世まで語り継がれた。「植野は中根先生のせいで村柄が良い」とまでいわれた。

中根の死後、寺子屋だけが残り、それが明治になって植野小学校、さらに植野国民学校と改称された。敗戦の色が濃くなった昭和二十（一九四五）年六月、この学校に戦車隊が移駐してきて将校たちが学校の裁縫室に寝起きした。この将校のなかに福田さんという人がいた。まだ中根のいた庵は残っており、福田さんは、その横を散歩しては、植野の村人と歴史の話をしていた。この福田さんがどの程度まで中根の話をきいたのかはわからない。ただ、ひとついえるのは、戦後、この福田さんが中根のように心をこめて文章を書きはじめたことである。福田さんのペンネームを「司馬遼太郎」という。司馬遼太郎が司馬遼太郎になったのは、もちろん敗戦経験によるものだが、中根東里との接点もあったのではないかと、私は妄想する。若い司馬さんは佐野で地元の人に気さくに語りかけ、あれこれ話を聞き取っていたらしい。中根東里は地元ではみなが語り草にする聖人で、私は司馬さんがその話を聞かなかったはずはないと思っている。中根の生涯を聞けば人生が変わるのは私自身が体験した。茨城大学を辞して歴史地震の古文書をあつめに浜松に移住し、四年住んでみたのは、中根の文章にふれたからである。中根は死後もそれほどに人を変えてしまう不思議な人物である。

　司馬さんが中根のことを書いたものは見ていない。しかし司馬さんが戦後と向き合うのに「文章」という道を選んだのはなぜだろうか。中根のいた地面で寝起きしたことは偶然ではないと思いたい。植野小には校庭にスズカケの大木があり、終戦時、司馬さんは、これを見上げていた。司馬記念館の庭にはそのスズカケが挿し木と実生《みしょう》で移植され、いまもその美しい葉を風になびかせている。

第7章

災害から立ち上がる日本人

江戸人と大火

江戸は世界に類例がないほど火災が多発した。先年、糸魚川《いといがわ》で大火があった。焼失面積は約四万平米におよんだ。都市防災が専門の西田幸夫氏によれば、江戸の町では今回の糸魚川のような三万平米（約一万坪）を超える大火が毎年のように起こっていた。江戸が東京となり一九〇〇年ごろに消火栓ができるまで、大火は日常であった（辻本誠『火災の科学』中公新書ラクレ）。当時の日本都市は木造家屋が過密に集中していたからである。

江戸時代の日本人口は三〇〇〇万人。米作地域で高度な農業社会だから前近代としては、かなり高い人口密度になった。そのうえ、徳川将軍や大名は天下泰平のため自分の膝元に家臣を集住させ、あちこちに超過密都市ができた。武家の消費を担う町人は狭い空間に押し込められ、ひしめいた。当時は屋敷面積が身分格式の証《あかし》で、町人は武家より狭い空間に住むのが社会の基本となっていた。幾度、火災にあっても、火除《ひよ》け地を設けるだけで、町人住居をひろげる発想はなかった。むしろ、頻発する火事が暗黙の前提になっており、武家や土地持ちの豪商ら金持ちが、火災のたびに屋敷を建て直し、結果的に、火災は大工など庶民に富を分配する機能をもっていた。だから、放火も多かった。

江戸人の火事からの逃げ方は興味深い。住民は穴蔵をほり、火事の時はそこに家財を投げ込み身一つで逃げた。穴蔵で、江戸の十分の一が穴になったともいわれる（黒木喬『江戸の火事』同成社）。乾燥した日に大風が吹くと江戸の店では土蔵に粘土で目張りをした。なければ味噌《みそ》で蔵を封じた。江戸に比べ、京・大坂では、火事の頻度が少なかった。比較経済史が専門の斎藤修氏によれば、江戸は裏店《うらだな》の世界、大坂は商家の世界である。江戸は独身男が長屋で暮らし、酒に寝たばこで火元管理が難しい。一方、大坂は商家に住みこむ手代・丁稚《でっち》らに厳しく火の用心をたたきこんだ。

ただ、京・大坂にも大火はあった。高田郁『銀二貫』（幻冬舎時代小説文庫）は大火のなかを生き抜く、京・大坂の商人の暮らしを描いた時代小説である。町の庶民の運命は火事が握っていた。しかし「大火が町を焼き尽くす度、人々は店を普請し、商いを再開し、幾度となく立ち直る」。前近代の日本人の火事とのつきあいかたを良く言い表している。江戸では店の焼失は織り込みずみで、大店《おおだな》はしばしば郊外にプレハブのような店の建築部材をあらかじめ用意していた。それで火事場の灰が温かいうちに営業を再開する店もあった。

近現代の大規模火災のパターンは二つある。大型ビル火災と、主に日本海側の港町が乾燥風（フェーン）にあおられた火で焼き尽くされる大火だ。後者は函館（一九三四年）、魚津《うおづ》（五六年）、酒田（七六年）などで起きた。港町は木造家屋が密集している。しばしば大火に見舞われた。ここで起きる大火の分析で参考になるのが、夏目漱石の一番弟子で物理学者の寺田寅彦の文章。「函館の大火について」（『天災と国防』講談社学術文庫に収録）である。

「火事と喧嘩は江戸の華」というが、寺田は江戸で華であったのは、火事ではなくて、江戸の火消《ひけし》＝消防機関の活動であった点を忘れるなと釘を刺す。火災の科学知識の教育普及と、学際的な火災の研究の必要を説く。「全国民は函館罹災《りさい》民の焦眉《しょうび》の急を救うために応分の力を添えることを忘れないと同時に各自自身が同じ災禍にかからぬように覚悟をきめることがいっそう大切」と寺田は訴える。函館を糸魚川と換えれば、そのまま我々にあてはまる言葉だ。

現代社会は、建物の高層化・深層地下化、そして新素材の使用など、新しい火災リスクがいっぱいで、そこに高齢化という人間側の問題が加わる。寺田の警句をかみしめたい。

江戸の隕石いずこに

二〇一三年のことだったと思う。ロシアに隕石《いんせき》が落ちてきて沢山の人がけがをしたときいて、テレビをつけると、火の玉が落下してくる映像が目に飛び込んできた。

それで思い出した。江戸時代にも東京の都心に隕石が落ちてきたことがある。はて、どこに落ちたものか。以前その落下地点を特定しようとしたのだが、古文書探索技術を駆使した面倒な作業になるから、そのままにしていた。ところがロシアの隕石落下映像をみているうちに我慢できなくなった。

まず自宅の書庫で埃《ほこり》をかぶった隕石関係の古文書コピーを出してきて読んだ。

隕石が落ちてきたのは文政《ぶんせい》六年十月八日（西暦一八二三年十一月十日）であったらしい。長崎・平戸藩主の松浦静山《まつらせいざん》という学者大名が随筆『甲子夜話《かっしやわ》』に書いている。松浦は人からこんな話を聞いている。

「戌刻下り《いぬのこく》（夜八時ごろ）に西の空から大砲のような音が響き、北のほうにいった。急いで北の戸を開いてみると、北の空にまだ残響がとどろいていた。あとで人に聞くと、路上にいた者はそのとき『大きな光り物』が飛行するのをみたという。また数日して聞いた。早稲田に微禄の御家人の住居があり、その玄関のような所に石が落ちて、屋根を打ち破り、破片が散乱したが、その夜その時のことだという」

なるほど早稲田のあたりに落ちたのか、と思った。しかしこれだけでは落下地点が特定できない。もう一つ古文書があるので読んでみた。鈴木桃野《とうや》という江戸在住の学者の『反古《ほご》のうらがき』という随筆である。

「一、二日あって聞くと、早稲田と榎町《えのきちょう》との間の『とどめき』という所に町医者がいて、その玄関前に二尺に一尺（六〇×三〇センチ）ばかりの玄蕃石《げんばいし》のような切石が落ちて二つに割れていた。焼石とみえて余程あたたかであった」

これでかなり落下地点を絞り込めた。現在の東京都新宿区の早稲田と牛込《うしごめ》榎町の「とどめき」という所に落ちたのだ。しかし「とどめき」とは、どこか。そこに行けば今でも隕石がみつかるような気がしてどうしても知りたくなった。それで江戸時代の住宅地図『江戸切絵図』をひらいてそこをみると宗参寺《そうさんじ》という寺があって傍らに轟《とどろき》橋という橋がある。ここかもしれない。

『江戸名所図会』という当時の江戸ガイドブックで宗参寺の項をみたら、大当たり。「雲居山《うんござん》宗参寺　同所弁財天町にあり。この地を土俗《ママ》どどめきと云ふ」とあった。そこは狭い場所。ネット上の地図グーグルマップで調べると、現在、早稲田の銭湯・大黒湯の煙突を中心に半径一〇〇メートルほどのところだ。やった。隕石の落下地点を特定した。隕石は貴重だ。大きいものは数千万円から億円単位で取引される。別にお金目当てではないが、宝探しの魅力に取りつかれ、私は浜松から新幹線に飛び乗ってそこを目指した。隕石は落下地の神社やお寺でご神体や寺宝として保管されていることがある。

私は落下地点にある宗参寺に飛び込んだ。まずは庭石に目を光らせる。黒く焦げた三〇センチの石を探したがない。意を決して住職さんに声をかけた。「あのう。隕石を探しにきたのですが」。住職さんは驚いてポカンとした顔。怪しい人物と思われそうになったので、その時分勤めていた「静岡文化芸術大学」の名刺を渡し、調査だと事情を話した。しかし、住職さんは、はあ、そんなことがあったのですか、という感じで、全く伝承は残っていなかった。私は寺の境内に呆然《ぼうぜん》と立ち尽くすしかなく、結局、隕石はみつからなかった。

津波を物語る寺社

国土地理院の「浸水範囲概況図」を握りしめて、二〇一三年の三月の末、宮城県南《みなみ》三陸町《さんりくちょう》に入った。きっかけは今川憲英さんという建築家に出会ったことによる。

私の住む浜松付近は南海トラフの三連動地震が起きると、大津波が来るとされる。市民の不安もある。そこで勤務先の大学で、静岡県知事と浜松市長をそろえた市民との対話講座を企画した。二月に、芸術や科学など各分野の専門家が集う「エンジン01文化戦略会議」の「オープンカレッジｉｎ浜松」で実現した。県知事はインフルエンザで欠席になったが、浜松市長と、中越地震を経験した新潟県長岡市長を交えて話し合った。

海辺にある保育園の園長さんが市長に訴えた。「三・一一以来、本当に、子供たちのことを考えると眠れない日々を過ごしました。津波から避難したくても、まわりに高い建物もなく、〇歳児から五歳児までの子供たちが、どこまで避難できるのか。五分以内で津波が来ると言われています」。私は園児全員を収容できる津波シェルターを購入した保育園があったのを思い出した。こういうものは公費で準備すべきだと思った。市長はじっと聞いていた。

津波だけではない。浜松では震度六〜七が想定される。過去にお寺の本堂がすべて倒壊した揺れである。そこで耐震補強の名手としても名高い今川憲英さんもお呼びして市民に会ってもらった。講座が終わって今川さんが私にいった。「磯田さん、南三陸に一緒に行きませんか」。

私は二つ返事で承知した。なにしろ南三陸は、東日本大震災の津波で一六〜二〇メートル水没した。巨大津波に襲われると、神社仏閣や古木がどうなるのか。歴史学者として見たかった。私は古文書から過去の津波被害を探ろうと、わざわざ津波常襲地の浜松に移住したのだから、当然である。

南三陸で聞き取り調査をして、いろんなことがわかった。例えば、神社仏閣が津波後に食糧難の状況でも比較的素早く再建されるのはなぜか。材料となる、津波で枯死した松や杉が大量に現地にあるからである。また、再建を始めたほうが、被災者も職と食にありつけたのである。

寺社の参道の杉並木は津波で三メートル水没すると、塩害でかなり枯れる。一〇メートル水没したら根元に一〇センチ以上、塩分を含んだ津波の砂がたまるからすべて枯れる。古文書には、しばしば津波で境内の樹木が枯れたとの伝承があるが、現場に行くと、どこまで津波に浸かれば、どれほど枯れるか、よくわかった。

町内には大雄寺《だいおうじ》という古寺がある。標高六・二メートル地点に樹齢三〇〇年の杉並木があったが、津波で約一〇メートル浸水した。津波で並木は全体の四分の一を残して流失し、夏までに全部枯れたという。しかし四〇〇年前の慶長三陸津波（一六一一年）以前からあるこの寺は、山門から奥の建物は全部無事であった。

神社もそうであった。南三陸で一番古い海辺の神社は荒沢神社である。ちょうど貞《じょう》観《がん》津波（八六九年）のころ、「荒き水」の害から「天下《あめのした》の公民《おおみたから》」を救うと祝詞《のりと》でうたわれる龍田《たつた》明神の神霊をわざわざ大和（奈良県）から迎えてまつられたものであった。この神社の杉並木二五本がかつて、伊達政宗によって、仙台城大手門前の広瀬川の橋にさされている。それは慶長三陸津波の三年後のことだ。津波の塩害にあった杉が使われたのではなかろうか。

そのとき倒れなかった杉の大木は、今回の津波も生き延びた。古い神社は過去の津波の高さを学習しているのか、この社は本殿の中まで津波が浸入したが、御神体の下、数センチでギリギリ止まったという。町では「高台の古い神社に逃げて助かった」という声をよく聞いた。

山頂で富士山卵

富士山が世界文化遺産になった。以前、静岡県知事の川勝平太《かわかつへいた》さんと富士山について雑談したことがある。川勝さんはもともと学者で、私と同じ社会経済史が専門だ。彼は英国オックスフォード大学に留学していたから英語が堪能。「富士山を自然遺産でなく文化遺産として、イコモス（ユネスコの諮問機関）に認めさせるのは至難ではないですか」ときいたら、彼は「いや。インド人の世界遺産センター所長ラオ氏に説いた。あなたもアジアの方なら自然に文化性を認める思想はおわかりでしょうと」と答えた。

たしかに、富士は文化なのである。この国で、文字のうえに初めて富士の美しさが顕現したのは『万葉集』であろう。しかし、私は平安時代に都良香《みやこのよしか》（八三四〜八七九年）という官人が書いた「富士山記」という名文に驚く。富士の頂に登った人にしか富士がみせない秘景が記されているからである。

「頂上に平地あり。広さ一里ばかり。その頂の中央は窪《くぼ》み下りて、かたち炊甑《すいそう》（米を蒸すすり鉢状の土器）のごとし。甑《こしき》の底に神《あや》しき池あり」。平安時代、富士山頂のすり鉢には、水をたたえた美しい純青の火山湖があった。その湖中に、うずくまる虎の姿をした大石（おそらく現在の虎岩）があり、湖面からは湯が沸きあがるように蒸気が立ち上っていたというから、これほど神秘的な光景もあるまい。

ただ、よくわからないのが、「山の峯を観るに、白衣の美女二人あり、山のいただきの上に双《なら》び舞う」との記述。山頂の白雲をみたものか、平安期には富士山頂に一対の天女像が置かれていたのかわからない。

ちなみに江戸時代前期になっても富士山の高さ（三七七六メートル）は正確に知られていなかった。「直立二十五町」（『月《つきの》刈《かる》藻《も》集《しゅう》』）もしくは「九十六町あり」（『塵塚《ちりづか》物語』）とされ、二七五〇メートルとか一万五六〇〇メートルとか諸説があった。享保一二（一七二七）年夏に福田履軒《りけん》という人が駿河国吉原《よしわら》宿で三角測量を行い「山の高さは三十五町六分二一六三」つまり約三八八六メートルとはじき出してはじめて四〇〇〇メートル足らずの山嶺《さんれい》であると知れた。江戸後期の学者・山崎美成《よししげ》の随筆『世事百談』に、そう書いてある。

さて富士山は噴火するか。三〇〇年ほど本格的な噴火は休んでいて、現在は山頂に登っても水蒸気は見られない。しかし昭和三十年代にはまだ温かみがわずかに残っていたときく。気になったので国会図書館で明治期の富士山登山の案内書を探してみた。明治十三（一八八〇）年の『富士山頂上独案内《ひとりあんない》』が一番古い。

これによれば山頂の「伊豆岳《いずがたけ》と此岳《このたけ》（成就岳《じょうじゅがたけ》）との下なる路辺《みちのべ》より絶《たえ》ず蒸発気（ゆげ）の噴出《ふきいず》る所あり」とある。ここがアラマキ（荒巻）とよばれる一角。ここでの噴気活動は、一八五四年の安政《あんせい》東海・南海地震から活発になり、関東大震災にも反応し昭和三十年代まで続いたとされる。そこでは石を取り除いて座れば、腰を温めることができたという。山頂の浅間《せんげん》大社奥宮や茶屋に詰める人はここで足腰を温め、「火を用ひずして酒をあたため饅頭《まんじゅう》をあぶ」っていたという。

伊豆岳の東側での水蒸気の噴出については大正元（一九一二）年の富士山に関する「史蹟名勝天然記念物保存協会報告書　第四回報告」にも記述をみつけた。「温度を測りて見ました所が摂氏の八十二度」と十分に湯を沸かすことができ、「登山者が鶏卵を其《その》中《なか》に入れて半熟にするのを見るといふことがござります」とあった。

大正期には温泉卵ならぬ富士山卵というのが頂上で作られていたのである。富士の文化は未知なことばかり、奥が深い。

安政地震下、江戸商人の日記

以前、中公新書から『天災から日本史を読みなおす』という本を出版した。朝日新聞土曜版の連載「備える歴史学」をまとめたものである。地震・津波・高潮・噴火・土砂崩れなど四五の歴史災害をとりあげた。私はこの本を書くために、国立茨城大学を辞めて、津波常襲地の浜松に住み、二年半かけて歴史災害の古文書を全国からあつめて研究した。

実は、私の母も津波被災者だ。母は二歳の時、徳島県の牟岐町《むぎちょう》で、昭和南海地震津波に遭った。幼い母は小学六年生の親戚に手を引かれ、真っ暗闇の中を裏山の寺まで逃げたものの、背後から高さ五メートルの津波が迫り、親戚とはぐれ、行方不明となった。ところが二歳児がどう逃げたものか、奇跡的に高台に上がっていて無事にみつかった。

私が、防災史にこだわる理由の一つだから、その顚末も書いておいた。

しかし書けなかったこともある。先日、私は江戸本郷の質屋の日記をみつけた。幕末動乱期に江戸の商人がつけた緻密《ちみつ》な日記で珍しい。江戸・東京は関東大震災や大空襲に遭っている。今日まで生き残った江戸っ子の日記は少ない。

どこでみつけたかというと、筑波書店だ。この店の主人高野哲夫さんは古文書の目利きである。私が『武士の家計簿』を書くきっかけになった加賀藩士猪山《いのやま》家文書も、私より先にみつけて、一部（日記部分）を金沢学院大に納入しておられた。それから私は高野さんに一目置くようになり、彼の発行する目録をくまなくみていたら、みつかった。

この日記は弘化《こうか》四（一八四七）年から慶応三（一八六七）年まで約二〇年間の記録だが、途中、文久二〜三（一八六二〜六三）年分が欠けている。私が大喜びしたのはこの日記に安政江戸地震の記述があったことだ。

安政江戸地震が起きたのはペリーが再来航した翌年の安政二（一八五五）年である。この年、江戸幕府は「それどころじゃない」と神田明神の神輿《みこし》を江戸城内に入れなかった。「神輿の大手御門通行、山車《だし》、練り物踊りの類は一切（停止で）、御曲輪の内には入らなかった」とある。

安政江戸地震は旧暦十月二日に起きた。当日の記述はこうだ。「二日。晴天。夜亥《い》の刻、大地震。同刻、出火」。日記には地震による火事で、どこまで焼けたかが延々と記されている。三日は「少し地震」、四日も「少し地震」、五日は「中地震」、六日は「少し地震」、七日は「酉《とり》の刻随分大地震、同刻過ぎまで地震少々ずつ二度震《ふる》う」とある。首都直下型の大地震になれば、われわれも最低五日間は余震の連続に見舞われる。その覚悟が必要ということであろう。

余震で家が崩れるのも怖い。日記を記した質屋は地震の翌日から「本郷六丁目の住居の前に野宿し、昼のうちは宅へ戻り、夜だけ野陣した」。住居前に「戸障子をもって屋根などこしらえていた」が、「八日晩になって雨が降り始め、しのぎがたくなったので、もはや地震の心配もないだろうと、自宅へ戻った」とある。私はこういう災害時の庶民生活の実態が知りたくて古文書を探している。

『天災から日本史を読みなおす』には八六九年の貞観津波から二〇一四年の広島市の土砂崩れまで四五の歴史災害について書いた。歴史は「生きのびるための知恵」の宝庫だ。質屋の日記をみると、安政江戸地震三日前の九月二十八日に「暮六つ時地震」とあった。これは前年の安政東海地震の最大余震であろう。遠州灘がやられた。こうした古文書分析の積み重ねも防災には大切だと思っている。

熊本城サグラダ・ファミリア計画

熊本で大地震が起きた。一報をきいた時、私は「やられた!」と思った。悔しかった。悔しく思ったのには理由がある。約四〇〇年前にも慶長三陸地震といって東北に大津波がきたことがあった。この四〇〇年前の東日本大震災のあと最初に大地震が襲ったのが「熊本」であった。一六一一年に慶長三陸地震がきたあと、八年後に肥後八代《やつしろ》地震(一六一九年)、一四年後に肥後熊本地震(一六二五年)がきた。前回は八年後、今回は五年後であったが、まさかこんなに忠実に東北震災のあとに熊本を地震が襲うとは思ってもみなかった。

これは詳しく古文書を調べねばと思った。京大図書館に行けば『新収日本地震史料』という地震史料全集がある。国立大などの教員は職員証をみせて他の国立大の図書館を利用する。ところが私は着任したばかりで職員証ができていない。国際日本文化研究センター准教授の辞令をもって京大図書館に駆け込み、「熊本地震だ。『新収日本地震史料』第二巻をみせてくれ。これが辞令だ。俸給が書いてあって恥ずかしいが」というと、図書館受付の方が「磯田先生ですね。テレビで見てますよ」とニコリ。手続きをして、すぐ本を出してくれた。

それを読んでみて驚いた。今回の熊本地震は「揺れの顔つき」が四〇〇年前のそれに酷似していたのだ。肥後八代地震は朝の卯《う》刻から揺れがきて旧八代城（麦島城《むぎしま》）が正午頃の午《うま》刻に倒壊している（『肥後国志』）。朝に前震、昼に本震がきて城が耐え切れず全壊した。しかも、このとき揺れは東北方向に拡大。「岡（大分県竹田市《たけた》）大地震。御城中、所々破損」と、竹田城が破損した。現在と全く同じ展開である。

今回の熊本地震もそうだが、どうも中央構造線の地震は連動連発しやすいらしい。一五九六年には、わずか五日の間に、伊予（愛媛）・豊後《ぶんご》（大分）・伏見（京都）と、三か所ほぼ同時にマグニチュード（M）7クラスの地震が襲った。一六二五年には、三か月おきに、広島・愛媛・熊本が地震に襲われ、広島城と熊本城の石垣が崩れ、櫓《やぐら》が崩壊している。これも今とそっくり。地震に遭うと城というものは、まず長塀が倒れ、石垣が上から崩れて、多聞《たもん》櫓といって細長い形の櫓が真っ先に落ちて崩壊する。

今回の地震で熊本城が痛々しい。私は旧熊本藩主細川家の永青文庫の評議員もやっている。理事長の細川護熙《もりひろ》さんに電話をかけ「なんとしても復興しましょう」と話し合った。元来、熊本城は巨城である。加藤清正・細川忠利時代の姿に完全復元すると、国宝姫路城など問題ではない規模の城になる。なにせ天守・小天守のほかに国宝松江城天守に近い規模の五階建ての櫓が六つもあった。天守級の塔がいくつも聳《そび》える日本一の城だった。

落ち着けば、この名城の復旧工事がはじまり、それ自体を見学する観光もできよう。私は「熊本城サグラダ・ファミリア計画」を夢想する。スペインのサグラダ・ファミリアのように清正の「塔」の復元を続行。町の誇りにして世界の人に来てもらう。さしあたっては、一刻も早く、元の姿に。熊本城を救わねばならない。

熊本城石垣の補強法

熊本城の石垣が大地震で崩れてしまって、どうにかせねば、ならぬ。熊本城は文化財だからやはり昔からの工法で元の如く積み直すのが原則だが、困った問題もある。何の工夫もなく石垣を積むと、また命の危険が生じかねない。

今回の熊本地震は夜間に起きた。それでお城のなかで死者が出なかった。崩れた櫓や石垣で潰《つぶ》された神社では、たまたま結婚式をやっていなかった。ふだん修学旅行の子どもたちが歩いている城門口の大石も落ちてきたが、夜間で誰もいなかった。

将来、地震が起きた時、熊本城の建物や石垣を保護し、見学者の犠牲も出さぬためには、やはり何らかの知恵が要る。つまり、伝統工法を尊重しつつ、文化財としての石垣を損なわぬ形で、崩れにくく石垣を積まねばならない。そんなのは無理にも思えるが、そうでもないらしい。

地盤防災工学が明らかにした最新の石垣研究の成果を、城郭考古学者の千田嘉博先生が教えてくれた。石垣が崩れる仕組みはこうだ。地震で揺すられると、石垣の積石《つみいし》の裏に詰められた丸い小石（栗石《くりいし》）が踊り、それが表面の積石を押し出し、石垣が崩れる。このメカニズムは二〇一六年、関西大学教授を退任された西形達明先生の研究グループが振動実験やシミュレーションで検証して解明済みである。

では、どうすれば、石垣は崩れにくくできるのか。そう。石垣の積石や裏に詰められた小石の動きをとめればよい。西形先生は二つの方法を提唱している。それが意外と簡単なのに驚いた。一つは、石垣を積みなおす時に、積石の裏に詰める小石が動かぬよう「ジオグリッド」という碁盤目状の地盤補強用の網を入れる。もう一つは、石垣の積石の隙間に鉄筋を差し入れ石垣の動きを抑える。こちらのほうは、崩れていない既存の石垣にも適用でき、引き抜けば原状回復も可能。文化財をほとんど現状変更することなく、むしろ長期に地震から保護できるメリットがある。

私が感服したのは、西形先生たちがお城の石垣を地震から守る工学的研究を、今回の熊本地震が起きる前から、きちんと準備してあったことだった。実物大の石垣モデルを振動台のうえに乗せて実験。石垣が地震時にどう動くか調べ上げた論文はすでに二〇一〇年に発表されていた。

このグループの論文「城郭石垣の地震時変形予測と安定性評価に関する研究」も読んでみた。高さ二メートル程度の低い石垣でも変形が小さいのは、せいぜい地震加速度六〇〇ガルまでである。実際の地震は縦揺れなど三次元で複雑に揺れるし、もっと高い石垣なら、六〇〇ガルまでいかなくても、さっさと大きく変形し、それを超えると崩れやすくなるにちがいない。過去の大地震の最大加速度はたいてい八〇〇ガルを超えている。

それでも、石垣の積石の裏に地盤補強ネットを仕込んだり、積石の隙間に鉄筋を差しこんだりすれば、崩壊を防ぐ効果があるとの実験結果も出ている。これは熊本城復興の参考になる。私と千田先生がこの話をすると、元総理で旧熊本藩主家の細川護熙さんが動いてくださった。熊本の知事さんと市長さんに、この石垣補強の工法を伝えてくれた。

熊本城の報道は昨今、復興の費用や期間に関するものが多いが、修復の工法も大事である。なにしろ人命がかかわっている。文化財も人間も安全に守れる復興を必ず実現する。この点を第一にしっかり考えたい。

〜183
吉田文　181
淀殿　34, 118, 119

ら行

頼山陽　150
劉邦　24

わ行

渡辺南岳　24

成田充美 212
（成田）元譲 212
成田元美 211, 213
成瀬正成 79
西尾久作 79
西郡局 111
日蓮 215
丹羽（長秀） 112
丹羽彦熊 211
乃木希典 40, 41

は行

橋本龍太郎 198
葉山高行 153, 154
樋口淡路守 83
常陸宮殿下（義宮） 46, 48
卑弥呼 11 〜 13, 91, 107, 194, 195
卑弥弓呼 12
平田篤胤 154
平塚瀧俊 119
福田履軒 233
藤沢周平 128
藤田東湖 154
フロイス 16, 17, 104
ペリー 182, 196, 237
法然 215
細井広沢 215
細川ガラシャ 107, 130
細川忠興 84, 130, 133
細川忠利 242
細川晴元 103
細川光尚 130
堀主水 20
堀尾吉晴 64
本田宗一郎 61
本多正信 79

ま行

ます 44
松下嘉兵衛 57, 108
（松平）清康 53
松平忠明 65
松平（松井）忠次 73
松浦静山 224
マディソン，アンガス 195
曲直瀬道三 129
円山応挙 24
三浦按針 107
三島中洲 179
三岡八郎（由利公正） 167
水戸黄門 86, 87, 104
都良香 232
室鳩巣 215
明治天皇 7, 8
毛利輝元 129
望月宇右衛門 79
本居宣長 25, 154, 210

や行

柳生十兵衛 108, 112
薬井斎泉鱗 138
安 212
安岡正篤 177, 214
柳家小さん（５代目） 159
山岡孫太郎 129
山鹿素行 25
山崎美成 233
山田方谷 107, 177 〜 180
山本周五郎 128
之 212
横井小楠 154
吉田勝吉 31
吉田茂 159
吉田松陰 151, 153 〜 155, 181

佐藤一斎 154, 155
真田隠岐守 79, 80
真田信繁（幸村） 78 ～ 80, 83, 135, 136
（真田）信之 135
沢田源内 201
三遊亭圓楽（５代目） 181, 182
塩沢丹三郎 128
志野宗信 131
司馬遼太郎（福田〔定一〕） 177, 216, 217
柴田勝家 17, 112
朱元璋 126
松岩 115
昭憲皇太后 7 ～ 10
昭和天皇 40, 41, 47, 48
白河法皇 122
菅原道真 42, 43
鈴木貫太郎 40, 41
鈴木重朝（雑賀孫市） 88
鈴木桃野 225
崇徳天皇 122, 123
関口越後守 115, 116
関口刑部少輔 94, 96, 100
瀬名貞雄 99
千姫 83
千利休 139
反町茂雄 169

た行

大正天皇 40, 41, 44, 175
平清盛 123
高岡芳太郎 8
高山紀斎 175
滝善三郎 174, 175
武田勝頼 99
武田信玄 39, 61, 67 ～ 69, 72, 90, 99, 116
だし殿 103, 104
立花ギン千代 107, 108
辰野源左衛門 186
伊達重村 31
伊達政宗 88, 133, 230
田中伝左衛門 37 ～ 39
丹澤藤右衛門 212
近松門左衛門 152
築山殿（駿河の御前） 94 ～ 102, 111
寺田寅彦 222, 223
藤堂高虎 79, 82 ～ 85
（徳川）家光 20, 53
徳川家康 52 ～ 55, 58 ～ 61, 63 ～ 69, 71 ～ 73, 75 ～ 80, 82 ～ 84, 86 ～ 90, 94 ～ 96, 98 ～ 102, 108, 110, 111, 116, 117, 208 ～ 210
徳川綱吉 195
（徳川）信康 95, 97, 111
（徳川）秀忠 79
徳川慶喜 6, 167
（徳川）頼房 88
土倉正彦（修理助） 173, 174
鳥羽天皇 122
巴御前 107
豊臣（羽柴）秀吉 15 ～ 17, 56 ～ 61, 63, 64, 82, 84, 106, 108, 109, 111, 112, 117 ～ 119, 139
豊臣秀頼 34, 63, 83, 118 ～ 120
鳥居元忠 88

な行

中根東里 214 ～ 217
中山忠能 170
夏目漱石 222
成田浄子 211, 213

荻生徂徠　215
小栗上野介　5, 6
織田信長　15, 17, 58, 68, 69, 86, 94 ～ 96, 102, 103, 105, 106, 111, 119, 125 ～ 127, 139, 182, 183, 208 ～ 210
お常　211
おつやの方　107
お富　53
小山田保繁　86

か行

貝原益軒　152, 201, 202
甲斐姫　107
勝海舟　154
勝田蕉琴　185
桂小五郎　190
加藤清正　242
加藤左馬助嘉明　19 ～ 21
角屋七郎次郎　76
狩野元信　9
河井継之助　177, 179
川奈部左衛門尉　103
韓信　24, 26
魏源　150, 151, 153
キサ　56 ～ 58
木曽義仲　38, 107
吉川経家　182
木俣守安　115
木村重成（長次郎）　86, 87, 134, 135
京極殿（松の丸殿）　119
教如　16, 17
今上陛下　46 ～ 48
熊沢蕃山　25
黒田官兵衛　201 ～ 203, 205
黒田清綱　134
黒田高三郎　203
黒田正庵　205
黒田庄左衛門　203, 205, 206
（黒田）四郎左衛門　205
黒田清輝　134
（黒田）武右衛門　203
黒田太郎左衛門　202, 203, 205
黒田綱政　203, 206, 207
黒田光之　203
黒田与衛門　203, 206
畔柳助九郎　73
桑野鋭　40, 41
桑原（菅原）孝長（羽柴豊吉）　42 ～ 44
顕如　16
小泉信三　159
穀田屋十三郎　28 ～ 31
古今亭志ん生（５代目）　159
後藤又兵衛　203
小早川秀秋　41
ゴローニン　148
金万平右衛門景成　203

さ行

西郷隆盛　154, 155, 168 ～ 171, 173 ～ 176, 179, 190
最澄　215
坂為左衛門　15
坂井七郎右衛門　130
榊原康政　72
坂本龍馬　23, 154, 166 ～ 169, 190
佐川官兵衛　186
佐久間象山　151, 154
佐久間鷺水　137
佐々木信綱　210
佐々木弘綱　210
雀部八郎　186
佐々成政　17

人名索引

歴史的な人物に限った

あ行

会沢正志斎 154
青山幸宜 7
明智光秀 208
安積艮斎 154
朝倉義景 87
浅野屋甚内 28, 31, 32
朝比奈兵右衛門 83
足利義政 131
足立たか 40
穴山小助 79
荒木村重 103, 104
有栖川宮 170
井伊次郎法師（直虎） 106～108, 110～112, 114～116
井伊直孝 82～84
井伊直平 94, 95
井伊直政 108, 111, 112
池田勝正 104
池田勇人 159
池田政香 212
池田政直 212
池田政方 212
池田政倚 211, 212
池田光政 212
池坊専応 139
池坊専好 139
伊地知正治 171
和泉屋伝兵衛 145
伊勢貞丈 132
磯田淳 211
磯田定益 211, 212
磯田鋤 211
磯田虎之介（則之） 212
磯田弘道 ii, 184
磯田由道 175
板倉勝重 83
井上馨 170
井上哲次郎 214
飯尾豊前守 57
今枝愛真 207
今川氏真 96, 116
今川義元 37, 38, 87, 94～96, 100
岩倉具視 170, 171
浮田和民 198
宇喜多（浮田、栗田）太兵衛 199, 200
宇喜多直家 197
宇喜多秀家 66, 197, 199
（歌川）広重 91
内田孝蔵 162
浦上玉堂（兵右衛門） 211～213
（浦上）秋琴 213
（浦上）春琴 213
大久保利通 168, 169, 171
大久保彦左衛門 71, 72, 209
太田牛一 119
大田南畝（杏花園、蜀山人） 25, 99
岡井越前 203, 206
岡内俊太郎 168
緒方錠子 211
緒方益太郎 184～186

初出一覧

「寺子屋」文化の遺産……………………『潮』二〇一三年四月号
我々は「本が作った国」に生きている…………『新潮45』二〇一五年二月号
全人類のなかで……………………『ファイナンス』二〇一六年八月号
浦上玉堂と磯田家…………『玉堂清韻社報』第四号（二〇一七年四月十日）
中根東里と司馬遼太郎………………『文藝春秋』二〇一三年三月号
江戸人と大火……………………………『朝日新聞』二〇一六年二月五日付

右記のほかは、『読売新聞』連載「古今をちこち」二〇一二年十月掲載分より二〇一七年八月掲載分までを収録しています。また、収録にあたっては一部改題のうえ、加筆修正を行っています。

磯田道史（いそだ・みちふみ）

1970年，岡山県生まれ．慶應義塾大学大学院文学研究科博士課程修了．博士（史学）．茨城大学准教授，静岡文化芸術大学教授などを経て，2016年，国際日本文化研究センター准教授，21年より同教授．18年，伊丹十三賞受賞．

著書『武士の家計簿』（新潮新書，新潮ドキュメント賞受賞）
『近世大名家臣団の社会構造』（文春学藝ライブラリー）
『殿様の通信簿』（新潮文庫）
『江戸の備忘録』（文春文庫）
『龍馬史』（文春文庫）
『無私の日本人』（文春文庫）
『歴史の愉しみ方』（中公新書）
『天災から日本史を読みなおす』（中公新書，日本エッセイスト・クラブ賞受賞）
『「司馬遼太郎」で学ぶ日本史』（NHK 出版新書）
『素顔の西郷隆盛』（新潮新書）
『感染症の日本史』（文春新書）
『日本史を暴く』（中公新書）
など多数

日本史《にほんし》の内幕《うちまく》
中公新書 2455

2017年10月25日初版
2022年12月25日19版

著　者　磯田道史
発行者　安部順一

本文印刷　三晃印刷
カバー印刷　大熊整美堂
製　　本　小泉製本

発行所　中央公論新社
〒100-8152
東京都千代田区大手町 1-7-1
電話　販売 03-5299-1730
　　　編集 03-5299-1830
URL https://www.chuko.co.jp/

Published by CHUOKORON-SHINSHA, INC.
Printed in Japan　ISBN978-4-12-102455-8 C1221

中公新書刊行のことば

いまからちょうど五世紀まえ、グーテンベルクが近代印刷術を発明したとき、書物の大量生産は潜在的可能性を獲得し、いまからちょうど一世紀まえ、世界のおもな文明国で義務教育制度が採用されたとき、書物の大量需要の潜在性が形成された。この二つの潜在性がはげしく現実化したのが現代である。

いまや、書物によって視野を拡大し、変りゆく世界に豊かに対応しようとする強い要求を私たちは抑えることができない。この要求にこたえる義務を、今日の書物は背負っている。だが、その義務は、たんに専門的知識の通俗化をはかることによって果たされるものでもなく、通俗的好奇心にうったえて、いたずらに発行部数の巨大さを誇ることによって果たされるものでもない。現代を真摯に生きようとする読者に、真に知るに価いする知識だけを選びだして提供すること、これが中公新書の最大の目標である。

私たちは、知識として錯覚しているものによってしばしば動かされ、裏切られる。私たちは、作為によってあたえられた知識のうえに生きることがあまりに多く、ゆるぎない事実を通して思索することがあまりにすくない。中公新書が、その一貫した特色として自らに課すものは、この事実のみの持つ無条件の説得力を発揮させることである。現代にあらたな意味を投げかけるべく待機している過去の歴史的事実もまた、中公新書によって数多く発掘されるであろう。

中公新書は、現代を自らの眼で見つめようとする、逞しい知的な読者の活力となることを欲している。

一九六二年一一月

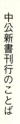

中公新書

日本史

d1

2189 歴史の愉しみ方　磯田道史
2455 日本史の内幕　磯田道史
2295 天災から日本史を読みなおす　磯田道史
2729 日本史を暴く　磯田道史
2579 米の日本史　佐藤洋一郎
2389 通貨の日本史　高木久史
2321 道路の日本史　武部健一
2494 温泉の日本史　石川理夫
2671 親孝行の日本史　勝又基
2500 日本史の論点　中公新書編集部編
1617 歴代天皇総覧（増補版）　笠原英彦
2302 日本人にとって聖なるものとは何か　上野誠
2619 もののけの日本史　小山聡子
1928 物語 京都の歴史　脇田修・脇田晴子
2345 京都の神社と祭り　本多健一

2654 日本の先史時代　藤尾慎一郎
2709 縄文人と弥生人　坂野徹
482 倭国　岡田英弘
147 騎馬民族国家（改版）　江上波夫
2164 魏志倭人伝の謎を解く　渡邉義浩
1085 古代朝鮮と倭族　鳥越憲三郎
2533 古代日中関係史　河上麻由子
2470 倭の五王　河内春人
2462 大嘗祭―天皇制と日本文化の源流　工藤隆
2095 『古事記』神話の謎を解く　西條勉
1502 日本書紀の謎を解く　森博達
2362 六国史《りっこくし》―日本書紀に始まる古代の「正史」　遠藤慶太
2673 国造―大和政権と地方豪族　篠川賢
804 蝦夷《えみし》　高橋崇
1041 蝦夷《えみし》の末裔　高橋崇
2699 大化改新（新版）　遠山美都男
1293 壬申の乱　遠山美都男

2636 古代日本の官僚　虎尾達哉
1568 天皇誕生　遠山美都男
2371 カラー版 古代飛鳥を歩く　千田稔
2168 飛鳥の木簡―古代史の新たな解明　市大樹
2353 蘇我氏―古代豪族の興亡　倉本一宏
2464 藤原氏―権力中枢の一族　倉本一宏
2563 持統天皇　瀧浪貞子
2725 奈良時代　木本好信
2457 光明皇后　瀧浪貞子
2648 藤原仲麻呂　仁藤敦史
2452 斎宮―伊勢斎王たちの生きた古代史　榎村寛之
2441 大伴家持　藤井一二
2510 公卿《くぎょう》会議―論戦する宮廷貴族たち　美川圭
2536 天皇の装束　近藤好和
2559 菅原道真　滝川幸司
2281 怨霊とは何か　山田雄司
2662 荘園　伊藤俊一

日本史

2127 河内源氏 元木泰雄
2573 公家源氏―王権を支えた名族 倉本一宏
2705 平氏―公家の盛衰、武家の興亡 倉本一宏
2655 刀伊の入寇 関　幸彦
1622 奥州藤原氏 高橋　崇
1867 院　政（増補版） 美川　圭
608 613 中世の風景（上下） 阿部謹也・網野善彦 石井　進・樺山紘一
1503 古文書返却の旅 網野善彦
1392 中世都市鎌倉を歩く 松尾剛次
2336 源頼政と木曽義仲 永井　晋
2526 源　頼朝 元木泰雄
2678 北条義時 岩田慎平
2517 承久の乱 坂井孝一
2461 蒙古襲来と神風 服部英雄
2653 中先代の乱 鈴木由美

1521 後醍醐天皇 森　茂暁
2601 北朝の天皇 石原比伊呂
2463 兼好法師 小川剛生
2443 観応《かんのう》の擾乱《じょうらん》 亀田俊和
2179 足利義満 小川剛生
978 室町の王権 今谷　明
2401 応仁の乱 呉座勇一
2058 日本神判史 清水克行
2139 贈与の歴史学 桜井英治
2481 戦国日本と大航海時代 平川　新
2688 戦国日本の軍事革命 藤田達生
2343 戦国武将の実力 小和田哲男
2084 戦国武将の手紙を読む 小和田哲男
2593 戦国武将の叡智 小和田哲男
1213 流浪の戦国貴族 近衛前久 谷口研語
2665 三好一族―戦国最初の「天下人」 天野忠幸
1625 織田信長合戦全録 谷口克広

1782 信長軍の司令官 谷口克広
1907 信長と消えた家臣たち 谷口克広
1453 信長の親衛隊 谷口克広
2421 織田信長の家臣団―派閥と人間関係 和田裕弘
2503 信長公記《しんちょうこうき》―戦国覇者の一級史料 和田裕弘
2555 織田信忠―天下人の嫡男 和田裕弘
2645 天正伊賀の乱 和田裕弘
2622 明智光秀 福島克彦
784 豊臣秀吉 小和田哲男
2557 太閤検地 中野　等
2265 天下統一 藤田達生
2357 古田織部 諏訪勝則

中公新書

日本史

d3

2675 江戸―平安時代から家康の建設へ　齋藤慎一
476 江戸時代　大石慎三郎
2552 藩とは何か　藤田達生
2565 大御所 徳川家康　三鬼清一郎
2723 徳川家康の決断　本多隆成
1227 保科正之《ほしなまさゆき》　中村彰彦
740 元禄御畳奉行の日記　神坂次郎
2531 火付盗賊改《ひつけとうぞくあらため》　高橋義夫
853 遊女の文化史　佐伯順子
2376 江戸の災害史　倉地克直
2584 椿井文書―日本最大級の偽文書　馬部隆弘
2380 ペリー来航　西川武臣
2047 オランダ風説書　松方冬子
1958 幕末維新と佐賀藩　毛利敏彦
2497 公家たちの幕末維新　刑部芳則

1754 幕末歴史散歩 東京篇　一坂太郎
1811 幕末歴史散歩 京阪神篇　一坂太郎
2617 暗殺の幕末維新史　一坂太郎
1773 新選組　大石学
2040 鳥羽伏見の戦い　野口武彦
455 戊辰戦争　佐々木克
1235 奥羽越列藩同盟　星亮一
1728 会津落城　星亮一
2498 斗南《となみ》藩―「朝敵」会津藩士たちの苦難と再起　星亮一
2730 大塩平八郎の乱　藪田貫

中公新書

現代史

f1

2105 昭和天皇　古川隆久
2687 天皇家の恋愛　森　暢平
2309 朝鮮王公族―帝国日本の準皇族　新城道彦
2482 日本統治下の朝鮮　木村光彦
632 海軍と日本　池田　清
2703 帝国日本のプロパガンダ　貴志俊彦
2192 政友会と民政党　井上寿一
1138 キメラ―満洲国の肖像（増補版）　山室信一
2348 日本陸軍とモンゴル　楊　海英
2144 昭和陸軍の軌跡　川田　稔
2587 五・一五事件　小山俊樹
76 二・二六事件（増補改版）　高橋正衛
2059 外務省革新派　戸部良一
1951 広田弘毅　服部龍二
2657 平沼騏一郎　萩原　淳

795 南京事件（増補版）　秦　郁彦
84・90 太平洋戦争（上下）　児島　襄
2707 大東亜共栄圏　安達宏昭
2465 日本軍兵士―アジア・太平洋戦争の現実　吉田　裕
2387 戦艦武蔵　一ノ瀬俊也
2525 硫《い》黄《おう》島《とう》　石原　俊
2337 特攻―戦争と日本人　栗原俊雄
244・248 東京裁判（上下）　児島　襄
2015 「大日本帝国」崩壊　加藤聖文
2296 日本占領史 1945-1952　福永文夫
2411 シベリア抑留　富田　武
2471 戦前日本のポピュリズム　筒井清忠
2171 治安維持法　中澤俊輔
1759 言論統制　佐藤卓己
828 清沢《きよさわ》洌《きよし》（増補版）　北岡伸一
2638 幣原喜重郎　熊本史雄
1243 石橋湛山　増田　弘

2515 小泉信三―天皇の師として、自由主義者として　小川原正道

地域・文化・紀行

t1

285 日本人と日本文化 司馬遼太郎 ドナルド・キーン

605 絵巻物に見る日本庶民生活誌 宮本常一

201 照葉樹林文化 上山春平編

799 沖縄の歴史と文化 外間守善

2711 京都の山と川 鈴木康久 肉戸裕行

2298 四国遍路 森 正人

2151 国土と日本人 大石久和

2487 カラー版 ふしぎな県境 西村まさゆき

1810 日本の庭園 進士五十八

2633 日本の歴史的建造物 光井 渉

2511 外国人が見た日本 内田宗治

1009 トルコのもう一つの顔 小島剛一

2032 ハプスブルク三都物語 河野純一

2183 アイルランド紀行 栩木伸明

1670 ドイツ 町から町へ 池内 紀

1742 ひとり旅は楽し 池内 紀

2023 東京ひとり散歩 池内 紀

2118 今夜もひとり居酒屋 池内 紀

2331 カラー版 廃線紀行―もうひとつの鉄道旅 梯 久美子

2290 酒場詩人の流儀 吉田 類

2472 酒は人の上に人を造らず 吉田 類

2721 京都の食文化 佐藤洋一郎

2690 北海道を味わう 小泉武夫